LO QUE ME GUSTA DE MÍ

David R. Hamilton

Lo que me gusta de mí

Un libro para aprender a quererte

U R A N O

Argentina – Chile – Colombia – España

Estados Unidos – México – Perú – Uruguay – Venezuela

Título original: *I ♥ ME –The Science of Self-Love*
Editor original: Hay House, Londres
Traducción: Sílvia Alemany Vilalta

1.ª edición Junio 2015

Advertencia:
La información que se da en este libro no debe tomarse como un consejo médico profesional; hay que consultar siempre con un especialista del campo de la medicina. El uso que se haga de la información que contiene este libro corre a cuenta y riesgo del lector. Ni el autor ni el editor pueden considerarse responsables de cualquier pérdida, reclamación o perjuicio que resulten del uso o mal uso de las sugerencias propuestas, de haber hecho caso omiso a los consejos médicos o del material contenido en páginas webs de terceras partes.

© 2015 by David Hamilton
All Rights Reserved
© 2015 de la traducción *by* Sílvia Alemany Vilalta
© 2015 *by* Ediciones Urano, S.A.U.
Aribau, 142, pral. – 08036 Barcelona
www.edicionesurano.com

ISBN: 978-84-7953-914-6
E-ISBN: 978-84-9944-877-0
Depósito legal: B-10.130-2015

Fotocomposición: Montserrat Gómez Lao
Impreso por Rodesa, S. A. – Polígono Industrial San Miguel
Parcelas E7-E8 – 31132 Villatuerta (Navarra)

Impreso en España – *Printed in Spain*

Para Oscar

Índice

Primera parte: ¿Dónde estás ahora?

Segunda parte: ¿Qué importa?

Tercera parte: Tú importas

Cuarta parte: ¿A dónde vas?

Lista de ejercicios

Prólogo

Llevo el amor por mí misma en lo más hondo de mi corazón. De hecho, podríamos decir que el amor por mí misma me salvó la vida.

Viví una experiencia rayana a la muerte en 2006. Estaba muy enferma de cáncer: tenía un linfoma de fase 4, que se había extendido por todo mi cuerpo hasta hacer metástasis. Tenía tumores, varios del tamaño de un limón, desde la base del cráneo, por todo el cuello, bajo los brazos, en los pechos y el abdomen. Mi cuerpo dejó de absorber nutrientes y entró en un estado de catabolismo. Los pulmones se me llenaron de un líquido que me tenían que drenar periódicamente, y estaba conectada a un balón de oxígeno.

El 2 de febrero de 2006 entré en un coma profundo. Los médicos le dijeron a mi familia que mi cuerpo sufría un fallo orgánico y que solo me quedaban unas horas de vida.

Sin embargo, aunque mi cuerpo estaba a punto de morir, yo estaba muy viva. Me sentí separada del cuerpo, ¡y fue una sensación increíble! Mis familiares estaban reunidos alrededor de mi cuerpo físico, débil y moribundo, y no se imaginaban que yo podía verlos. En un momento dado sentí que me expandía tanto que, de hecho, sentí como si fuera el universo entero en pleno estado de conciencia. Entre todo lo que sentí y comprendí durante esta experiencia, hubo algo que vale la pena destacar.

Comprendí que el cáncer de mi cuerpo era la manifestación de mi propia energía, volcada hacia mi interior. No pretendo decir que eso pueda aplicarse a todas las personas, porque todos somos únicos a nuestra manera. Pero en mi caso sentía muy poco amor por mí misma. Había pasado la mayor parte de mi vida cumpliendo con lo que los demás querían de mí. No estaba viviendo como mi auténtico yo pedía.

Comprendí que si elegía amarme a mí misma, sin inhibiciones, sin reservas, expresar mi auténtico yo a partir de ese momento, podría recuperarme del cáncer. También comprendí que amarse a uno mismo era lo más importante que los humanos hemos de aprender y que, por desgracia, la mayoría no sabemos cómo hacerlo.

Esta es una de las razones por las que me encanta este libro de David Hamilton. David decidió abordar el tema tras una conversación que sostuvimos él y yo, junto con mi marido Danny, hace unos años. En este libro comparte con nosotros el viaje que hizo para amarse a sí mismo, y honestamente confiesa que muchas veces le faltó sinceridad. Habla de sus luchas personales, con las que estoy segura de que muchos lectores se identificarán, porque todos somos, a fin de cuentas, seres humanos y compartimos de manera parecida las dificultades que surgen de la falta de amor por uno mismo.

David ha abordado el tema de diversas maneras, y nos ha ofrecido algo a todos los que luchamos por nuestra autoestima. En su papel de científico, aporta un enfoque absolutamente nuevo sobre el amor por uno mismo que los avances en neurociencia han hecho posible. Muestra que el amor por uno mismo puede ser reprogramado en el cerebro, y comparte sus conocimientos de la manera más sencilla posible para que todos podamos conseguirlo.

También aprendemos que no hemos nacido faltos de amor. De hecho, los bebés y los niños pequeños destilan amor. El déficit de amor por sí mismo, como David llama a veces a esa sensación de sentir poco amor por uno mismo, es algo que aprendemos durante la vida. Y como él señala, el aprendizaje destila y forma conexiones cerebrales, y eso también significa que la falta de amor por uno mismo en realidad puede desaprenderse, y aprender en su lugar una manera sana de amarse que encaje en la arquitectura neurológica del cerebro.

También argumenta la importancia de ser auténtico y bajar la guardia, de tener el coraje de mostrar nuestras propias vulnerabilidades, e incluso nos enseña a desarrollar nuestra resistencia a la vergüenza, emoción contra la cual mucha gente lucha. En uno de los capítulos, incluso podemos aprender a ser más amables y compasivos con nosotros mismos.

Hacia el final del libro, me gusta cuando David describe, científicamente, que estamos hechos de amor, que sin duda somos seres de luz, y cuando comparte esa relevante historia personal que él llama el «milagro Dove», y que le sucedió mientras vivía esa combinación de ciencia y espíritu. Como seres de luz, nos anima a acelerar el paso, a convertirnos en nuestro auténtico yo, y a reconocer nuestro valor.

Lo que hace que este libro sobre el amor por uno mismo sea tan auténtico es que David ha sufrido un déficit de amor por sí mismo durante la mayor parte de su vida. Como escribe en la introducción, le llevó mucho más tiempo del esperado escribirlo, y fue porque primero tuvo que aprender a amarse a sí mismo.

David habla desde la experiencia, y estoy segura de que tú serás capaz de aprender de su experiencia y sacar provecho de sus reflexiones, de su sabiduría y de los ánimos que da, y de gran parte de los ejercicios que contiene este libro.

¡Espero que llegues a amar y a apreciar la importante obra de David tanto como yo!

Anita Moorjani
Autora de *Morir para ser yo: mi viaje a través del cáncer
y la muerte hasta el despertar y la verdadera curación,*
superventas del *New York Times*

Agradecimientos

Escribir este libro ha sido un auténtico viaje para mí. Creo que *Oscar*, mi perro labrador de dos años, llegó a mi vida para ayudarme en la tarea. Sin su amor, su ejemplo, las risas diarias que me arranca y su llamada para que sea su guardián, yo no habría sido capaz de cambiar para terminar el libro. Porque ha sido un cambio personal muy relevante lo que me ha exigido este libro.

Mi compañera, Elizabeth Caproni, me ha acompañado en este viaje, y siento un profundo agradecimiento por su amor, su compañerismo y la paciencia que ha tenido conmigo mientras yo, entre balbuceos y tartamudeos, empezaba a verme de otra manera y a considerar de forma distinta mi vida y mi lugar en el mundo. También le estoy agradecido porque encontró estadísticas relevantes en el campo de la investigación que dieron un nuevo valor a mi libro, y por las variadas y útiles sugerencias que me hizo a lo largo de la redacción, incluyendo el hecho de haberme permitido utilizar un poema suyo que aparece en el capítulo 7.

Estaré eternamente agradecido a Robert Holden por su amistad y su apoyo. Mientras escribía este libro Robert me brindó su constante amistad, su apoyo e inspiración. Llenaría un volumen entero si transcribiera las notas sobre la vida, el amor y el universo que llegué a escribir en papeles de todo tipo, en servilletas, en vasos de café, en el anverso de la mano o donde fuera cuando

Robert llamaba para interesarse por mi libro, y por supuesto para interesarse por Elizabeth y también por las payasadas de *Oscar*.

Una de las personas que me inspiró para escribir este libro fue Alyx Mia Redford. Cuando la vi besando su propio reflejo en nuestro espejo de cuerpo entero y a continuación darse un abrazo, supe que esta jovencita tenía mucho que enseñarme sobre amarse a uno mismo. También me inspiró la manera en que sus padres, mis queridos amigos Bryce y Allyson, la guían para que recuerde que, sin lugar a dudas, ella se basta.

Agradezco también a Bryce que haya leído el manuscrito de este libro y me haya brindado sus reflexiones, alguna de las cuales me ayudaron a definir su contenido.

A mi querido amigo Assad Negyal, gracias por ser tan meticuloso y ofrecerme un *feedback* tan detallado y unas sugerencias tan valiosas, muchas de las cuales he reflejado en algunos de los apartados clave del libro. Y gracias por compartir tus vulnerabilidades y por ayudarme a darme cuenta de lo útil que podía ser este libro.

Y a Bhavna Patel, Gillian Sneddon y Margaret McCathie, gracias también por reservaros el tiempo de leer el manuscrito y ofrecerme vuestros amables y sinceros comentarios. Sin vuestra colaboración, este libro carecería de reflexiones vitales.

Estoy en deuda con Michelle Pilley, directora ejecutiva de Hay House en Gran Bretaña, por haberme dado el tiempo que necesitaba para terminar el libro.

También quiero manifestar mi agradecimiento a todos los que trabajan en Hay House de Gran Bretaña. Aunque los autores no vemos ni aprendemos de todas las contribuciones que hacéis a nuestros libros, por favor, sabed que estoy profundamente agradecido por todo lo que habéis hecho entre bambalinas, desde dar vuestra opinión y comentarios sobre el contenido hasta diseñar nuestros libros asegurándoos de que sean accesibles y lleguen al público británico e internacional, ayudándonos en las ventas y el *marketing* y procurando que estemos presentes en el mundo digital. Y podría llenar así varias páginas seguidas.

En cuanto a mi editora, Lizzie Henry, ¿qué podría decir para expresar el soberbio trabajo que has hecho ayudándome a confeccionar este libro hasta darle su forma final? Para mí, vales tu peso en oro.

También querría dedicar unas palabras de agradecimiento a Anita Moorjani y a su esposo, Danny. Fue la conversación que mantuvimos tras mi conferencia titulada «Puedo hacerlo» lo que me animó a escribir este libro y embarcarme en mi propio proyecto de amor por mí mismo.

Y he dejado para el final lo más importante, hablar de mis padres, Robert y Janet Hamilton. Siempre me habéis dado vuestro apoyo, habéis creído en mí y me habéis animado para que fuera lo que quisiera. Vuestro amor y apoyo, vuestras reflexiones y el haber actuado de padres, incluso en mis años de madurez, me han ayudado a buscarme ese lugar en la vida en el que ya puedo decir «Doy la talla».

Introducción

La primera versión de este libro fue rechazada por mi editor. Habían aceptado de todo corazón mis siete libros anteriores. ¿Qué tenía este que fuera distinto a los demás?

Había dos razones. Primero, como señalo en el primer capítulo, existen tres etapas en el amarse a uno mismo. Muchos adultos se encuentran en la etapa «No soy lo bastante». No soy lo bastante bueno, lo bastante importante, no tengo bastante éxito... La mayoría vivimos casi toda nuestra vida en este lugar, en general sin darnos cuenta de ello.

Yo tampoco me daba cuenta hasta que me encontré junto al estrado del congreso «Yo puedo hacerlo» que organizó mi editor. El doctor Wayne Dyer, el escritor de reconocido prestigio, orador y «padre de la motivación» recibía una merecida ovación, con todo el público puesto en pie, tras haber finalizado su charla. A mí me tocaba hablar a continuación.

Era septiembre de 2012 y estaba realizando un viaje de promoción en mi país. También era la primera vez que un congreso de autoayuda tan importante se celebraba en Escocia. En el público había muchas personas que habían venido a darme su apoyo, incluyendo a mi familia, mis amigos y personas que habían asistido a mis charlas y talleres.

Debería de haberme sentido ilusionado, pero no lo estaba.

Todos nos ponemos un poco nerviosos antes de hablar en público. Es normal. Pero lo que sentí en esos momentos fue algo más que nervios. Fue la sensación intensa y profunda de notar que «*No soy lo bastante bueno*».

Me sentí insignificante, inseguro e indigno; y ese sentimiento me resultó familiar. Me retrotrajo a cuando tenía seis años y me pusieron de cara a la pared en una esquina de la clase porque no había llevado cinco peniques para una excursión escolar. Mi profesora dijo: «Si David Hamilton no es lo bastante bueno para traer su dinero, nos iremos de excursión sin él».

El resto de la clase se puso en fila y recogió una chapa grande y amarilla. No recuerdo los detalles exactamente, pero sí que recuerdo que era grande, y de un amarillo luminoso. Eso significaba que eras especial. Sin duda, todos en la clase eran especiales. Yo, en cambio, en aquella esquina, no lo era.

Mi madre me habría dado el dinero sin dudarlo. Pero yo no se lo pedí. Sabía que mamá y papá tenían problemas económicos. Un hombre venía a visitarnos los viernes por la tarde y mi madre le entregaba un dinero, una cantidad que él anotaba en un gran libro que llevaba siempre encima. Era de Provident, una empresa que ofrecía préstamos a las personas necesitadas. Tony era un hombre amable que estuvo años viniendo a visitarnos cada semana. Pero una noche, cuando faltaba poco para la Navidad, bajé a hurtadillas la escalera y vi a mamá llorando. Le estaba contando a papá que mi hermana Lesley necesitaba ropa nueva, y que los dos habíamos pedido unos juguetes en concreto para Navidad. «¿Qué voy a hacer?», le decía a mi padre.

Bajé y me puse a llorar, en parte por empatía hacia mi madre, y en parte porque me daba vergüenza haber sido tan egoísta. Siempre me gastaba mi paga en cosas para mí, pero mi madre nunca se gastaba nada en ella. Todo era para la familia.

Como de pequeño no entiendes el valor del dinero, para mí

cinco peniques representaban los gastos de toda una semana. Por eso no le pedí a mi madre el dinero.

Volviendo al congreso, Wayne Dyer en realidad no llevaba una chapa amarilla, pero era como si la llevara. A mi entender, todos los otros ponentes eran especiales. Y yo no. Yo solo era un tipo Banknock, un pueblo diminuto. «¿Quién crees que eres para dar una charla en este congreso?», me decía una voz que sonaba en mi cabeza. «Vete a casa, a donde te corresponde, y deja las ponencias para esos hombres hechos y derechos.»

Por supuesto lo de volver a casa era un disparate; tenía que subir al estrado. Al cabo de unos momentos lo hice lo mejor que pude. Nadie pudo adivinar cómo me sentía por dentro.

Esa fue la primera señal que me indicó que necesitaba ocuparme de mis asuntos personales. No era la primera vez que me sentía insignificante e inseguro, y sin duda no sería la última. Pero ahora sabía que ya no podía refrenar más ni mi vida ni mi trayectoria profesional.

Durante la charla de Wayne Dyer, Anita Moorjani, invitada suya y autora del éxito de ventas *Morir para ser yo: mi viaje a través del cáncer y la muerte hasta el despertar y la verdadera curación*, salió al escenario para explicar que había vivido una experiencia cercana a la muerte cuando padeció un linfoma de fase 4. Anita había experimentado una expansión tan profunda que se sintió unida al universo y plenamente consciente. En ese estado había entendido que aprender a amarnos a nosotros mismos era lo más importante, y que la mayoría no sabíamos cómo hacerlo.

A la semana siguiente, y ya en Londres, tuve la oportunidad de charlar un buen rato con Anita y su esposo Danny. Ella me habló mucho más del amor por uno mismo, y me dijo que había elegido amarse completamente y siendo fiel a su yo auténtico. También me contó que se había librado del cáncer al cabo de unos meses.

Tras conocer a Anita y charlar con ella se me abrió el cielo. Me di cuenta de que la raíz de casi todos mis problemas en la vida, sobre todo el tema de la confianza, era el amor por mí mismo. Nunca había estado tan seguro del tema de mi siguiente libro. Escribir un libro sobre la materia sería la única manera de poder sumergirme lo bastante para experimentar de verdad el amor por mí mismo. Y así empezó el proyecto de amarme a mí mismo…

Tardé mucho más de lo que pensaba en escribir mi libro. Y eso me lleva a la segunda razón que demuestra que ese libro era distinto: tenía una fecha límite para escribirlo.

En realidad solo existen dos clases de libros de autoayuda. El libro en el que el autor decide compartir su filosofía y las enseñanzas que ha acumulado con los años, y aquel otro cuyo contenido es como un reflejo de la vida del autor, que va aprendiendo mientras escribe. Este libro se cuenta en la segunda categoría. Trabajar en él ha sido, como ya he dicho, embarcarme en un viaje muy personal para mí. He crecido mucho más durante estos últimos veintiún meses que durante los últimos diez años. Y mi perro *Oscar* me ha ayudado mucho.

Los animales saben lo que es amarse a uno mismo. No tienen problemas. *Oscar* entró en mi vida como un cachorro labrador de ocho semanas en el momento en que yo empezaba a escribir el libro. Es curioso la sincronización de estas cosas.

Algo que he aprendido, y que *Oscar* me inspiró, es que el amor por uno mismo no significa «Ámate a ti mismo en lugar de amar a los demás». Tampoco significa «Ámate a ti mismo cuando hayas terminado de amar a los demás». Ni «Ámate a ti mismo como también amas a los demás». Los demás no se mencionan para nada. Ámate a ti mismo. Es así de simple.

En la práctica… bueno, en la práctica no es tan simple. El problema cuando tienes una fecha tope para escribir un libro, sobre todo uno que trata del amor que sentimos por nosotros mismos, equivale a decir «te amarás a ti mismo antes del 30 de junio de 2013». Esa era mi fecha límite inicial.

El amor por uno mismo no funciona así. No puedes provocarlo a toda prisa. Tener una fecha límite para amarte a ti mismo es tener la garantía de que nunca lo lograrás, porque acelerando el proceso refuerzas la idea de «no soy lo bastante bueno». Si lo fueras, no tendrías que esforzarte tanto, ¿no te parece?

La directora ejecutiva de mi editorial me libró de esa fecha límite, y me dijo que fuera a verla cuando sintiera que podía terminar el libro. Se lo agradezco mucho. Eso me ha permitido crear una obra de la que ahora me siento muy orgulloso.

En este libro aprenderás las tres etapas del amarse a uno mismo y una cuarta etapa posible. Descubrirás que la falta de amor que se siente por uno mismo se aprende. Tú no naciste así. Lo aprendiste por el camino, probablemente durante los seis o siete primeros años de tu vida. Luego, con el tiempo, se convirtió en algo normal para ti. Esa idea se programó en tu cerebro.

Parte de este libro trata de enseñarte a programar creencias más positivas. Tendrás la oportunidad de probar muchos ejercicios distintos que te ayudarán, y algunos alterarán literalmente tus redes neuronales.

También aprenderás qué es la vergüenza y cómo volverte resistente a ella. Y te animaré a que bajes la guardia. No temas mostrarte vulnerable. Todos nos sentimos vulnerables, incluso las personas que fingen ser duras. Mostrar tus vulnerabilidades les da a los demás permiso para que ellos también muestren las suyas. Así es como empiezan las amistades. Además, ser tú mismo, sin esconderte o fingir, es la puerta trasera por la que accederás a amarte a ti mismo.

Asimismo aprenderás a mostrarte compasivo contigo mismo y a perdonarte. Y eso puede ser un obstáculo para algunos. Si ese es tu caso, en el libro encontrarás reflexiones y estrategias para que finalmente puedas erradicarlo de tu vida.

Por otro lado, adquirirás conocimientos que te ayudarán a mostrarte al mundo, sin que tengas ya miedo de ser quien eres o lo que quieres ser.

Gran parte del contenido de este libro está respaldado por la ciencia. Como científico me he dedicado a desarrollar medicinas para la industria farmacéutica, y me encanta recurrir a la ciencia como fuente de inspiración. En cuanto a si me veo o no calificado para escribir sobre el amor… bueno, soy humano.

Todas las personas que conozco han hecho un esfuerzo por amarse a sí mismas. No parece que en esta vida nadie vaya a librarse de tener que enfrentarse a las dudas sobre su propia valía. Todos tendemos a tener la misma clase de problemas. Por eso serás capaz de reconocerte en algunas de las historias personales y en los ejemplos que doy a lo largo del libro.

He utilizado los términos «amor por uno mismo», «valía personal» y «autoestima» como términos intercambiables en buena parte del libro. Aunque son algo distintos, la mayoría tendemos a utilizarlos para describir lo mismo: nuestro propio sentido de valía y su vinculación con nuestras emociones y las circunstancias de la vida. Allí donde he utilizado los términos más específicamente, he dejado bien claro en qué difieren.

Por encima de todo, este libro está lleno de herramientas, consejos, ejercicios, ánimos, inspiración e historias. Espero que antes de que hayas terminado de leerlo, te ames lo bastante como para haber empezado a vivir la vida que quieres vivir.

Bienvenido a tu propio proyecto de amarte a ti mismo. Tómate tu tiempo… ¡y disfruta del viaje!

David

Primera parte

¿Dónde estás ahora?

«No quiero ganarme la vida.
Quiero vivir.»

OSCAR WILDE

Capítulo 1

Las tres etapas del amor por uno mismo

«La clave para el crecimiento es introducir
dimensiones más elevadas de la
conciencia en nuestra percepción.»

LAO-TSÉ

La mayoría de las personas pasan la mayor parte del tiempo en un estado de conciencia que dice «No soy lo bastante bueno»; o por decirlo más llanamente: «No soy lo bastante». Mucha gente pasa toda su vida en ese lugar. Hay quienes lo bordan fingiéndose diferentes, pero a esos les pasa lo mismo.

Otros llegan a un punto en el que dicen «¡Ya basta!» Es un punto de transición. En general, se presenta con pasión y a veces con rabia, sobre todo si estas personas sienten que se han aprovechado de ellas o las han acosado. A pesar de todo, es mejor encontrarse situado aquí que en ese «No soy lo bastante bueno», básicamente porque no será tan probable que vuelvan a aprovecharse de ellas o a ser víctimas de acosos.

Con el tiempo, unos pocos afortunados salen por el otro extremo. Dicen basta a todo lo que les ha pasado. Y es agotador, porque se requiere mucha energía para estar dirigiendo en todo momento la mente de esa manera. Esos pocos afortunados alcanzan un estado de tranquilidad, el de «Soy lo bastante bueno» o «Soy lo bastante», que se caracteriza por la aceptación y la paz, y a menudo viene acompañado de risas. La vida, en general, deja de ser estresante. Por supuesto, los desafíos siguen existiendo. Pero en este estado no gastamos energía intentando mantener una farsa, procurando gustar a la gente o intentando que nos acepten. Y resulta que así es como ahorramos energía la mayoría de personas.

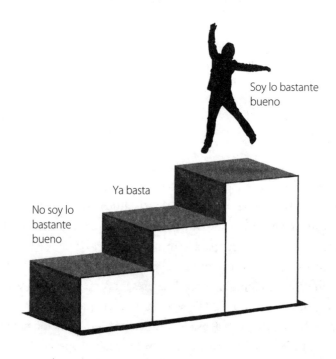

Las tres etapas del amor por uno mismo.

Veamos estas tres etapas con más detalle:

Etapa 1: «No soy lo bastante bueno»

Lo que me califica para escribir este libro es que he pasado la mayor parte de mis cuarenta y dos años de vida viviendo en esta etapa. Y como estás leyendo este libro, apuesto a que tú también pasas muchísimo tiempo ahí.

Este déficit de amor por sí mismo, que es como me refiero a esa carencia, quizá no se encuentre en el número uno de tus prioridades mentales. Sabes que está ahí, de alguna manera, pero no suele mostrarse cuando nos hallamos en un estado de vigilia. Es algo parecido a un duende vestido con una capa que se esconde tras el telón, en los recovecos de tu mente, dispuesto a saltar y dirigir la función cada vez que algo potencialmente bueno aparece en el horizonte.

Más aún, el mundo a menudo refleja cuáles son tus sentimientos sobre ti mismo, generalmente en la manera que tiene la gente de tratarte.

A mí me acosaban en la escuela. Nunca fue algo físico, sino más bien emocional. Durante varios años se limitaron a mofarse de mí, pero la situación llegó al paroxismo en bachillerato, a mis diecisiete años. El grupo de los populares, una quinta parte de los sesenta alumnos que formábamos el curso, inició algo parecido a una campaña que duró todo el año.

Fue un acoso cibernético en una época anterior a Internet. Colgaron varios carteles por toda la escuela en los que se burlaban de mí. Por ejemplo, declararon el día nacional del «Te queremos, Hammy». Hammy era mi apodo, por Hamilton. No era precisamente amor lo que se intercambiaba en ese día, sino más bien un derroche de risotadas.

Una vez que los acosadores estaban borrachos (cosa que sucedía ocasionalmente entre los alumnos de último curso), intentaron tirarme encima un cubo de agua. Cuando me acercaba a la sala que compartíamos, una de las chicas me vio llegar y se metió dentro muy nerviosa. Supe entonces que maquinaban algo. Valoré la idea de dar la vuelta y marcharme, pero dentro tenía la bolsa con los libros y los necesitaba, porque se acercaba la época de exámenes.

Nervioso, abrí la puerta de la sala común. Un chico de pie, sobre una silla, volteaba una cuerda intentando echarme el lazo. Y lo habría conseguido sin duda si no hubiera sido por el hecho de que estaba borracho. Por eso pude agarrarle el lazo y sostener la cuerda. A continuación, me tiraron el cubo de agua, pero pude apartarme y solo me salpicaron un poco los pantalones y los zapatos. Seguramente funcionó el hecho de que yo fuera la única persona que no estaba borracha.

Recogí la bolsa de la mesa donde la había dejado. Algunos de mis amigos estaban ahí sentados, pero nadie pronunció ni una sola palabra. Me marché con la bolsa en la mano, e intenté buscar un lugar donde echarme a llorar.

En la escuela siempre tenía ganas de llorar. O bien sentía ansiedad. Daba por supuesto que la vida era así. No parecía que pudiera hacer nada para cambiar las cosas. Cuando reuní el valor para preguntarle a un chico por qué me trataban de esa manera, él me respondió sorprendido: «¿De qué estás hablando? ¡Cómo te atreves!» No fueron esas palabras exactamente las que pronunció, pero eso fue lo que quiso decir. «Así son las cosas, Hammy.»

Lo que ocurría era que sus palabras resonaban con lo que yo daba por sentado. En lo más profundo de mi interior sentía que, hiciera lo que hiciera, no era lo bastante bueno.

Nunca lo habría admitido, claro está. Solía decir que me acosaban porque hacía bien las cosas. Incluso en el primer borrador de este libro escribí eso mismo. También escribí que aprendí a quitarme importancia para que no ser considerado un blanco. En realidad, me acosaban porque siempre procuraba contarles a todos que era muy bueno haciendo las cosas. No porque fuera el corredor más rápido y hubiera ganado unos cuantos trofeos, porque fuera uno de los estudiantes más listos de la escuela o hiciera karate y hubiera ganado además un trofeo, ni siquiera porque pudiera hacer toda clase de piruetas con mi bicicleta BMX, incluyendo avanzar con una sola rueda durante más de un kilómetro y saltar con la bici por encima de ocho barriles de cerveza a toda velocidad. Ni porque algunas de las chicas más populares y atractivas de ese curso pensaran que yo era guapo. Era el hecho de que siempre andaba contando a los demás mis victorias.

¿Por qué lo hacía? Porque en mi interior creía que necesitaba seguir dando motivos a los demás para gustarles. Si no lo hacía, perderían el interés por mí. Y me asustaba quedarme al margen, sentirme aislado... y solo.

Cuando sientes que no eres lo bastante bueno, a la gente le resulta más fácil aprovecharse de ti. Emites señales ocultas, según la ciencia de la victimización.

A un grupo de convictos encarcelados por diversas agresiones se les pasaron unos vídeos de personas que caminaban por una acera muy transitada de Nueva York. Cuando les preguntaron a quiénes elegirían como objetivos para atacarles o robarles, tan solo tardaron unos segundos en decidirse.

La mayoría daríamos por supuesto que eligieron a las víctimas según el tamaño, pero los delincuentes habían elegido a algunos hombres bastante grandes y en cambio habían descartado a algunas mujeres menudas. Esa elección tampoco tenía mucho que ver con la edad, la raza o el sexo. Era el modo en que los transeúntes movían su cuerpo, era su postura lo que importaba. Las personas cuyo lenguaje corporal transmitía incertidumbre o poca confianza en sí mismas, es decir, la sensación de no ser lo bastante buenas, casi siempre fueron las elegidas. Las que mostraban más confianza en sí mismas fueron ignoradas por la mayoría de los delincuentes.[1]

Por supuesto no quiero decir con ello que las personas que han sido acosadas, maltratadas o hayan sido víctimas de un atraco se lo hayan buscado. Muchas agresiones son completamente al azar, además los acosadores y los maltratadores seleccionan tan solo a los que creen que pueden dominar para compensar su propio déficit de amor por sí mismos.

Sin embargo, todos emitimos varias clases de señales. Analizaré algunas al final de este libro y, lo que es más importante, comentaré cuál es la manera de cambiarlas.

Etapa 2: «Ya basta»

Tan pronto como inicias el viaje para amarte a ti mismo, llegas al lugar en el que dices *basta*. Ya basta de sentirte inferior. Ya basta de que te tomen la delantera ante un ascenso. Ya basta de que te acosen o se aprovechen de ti. Ya basta de sentirte insignificante. Basta de sentirte asustado. De no tener confianza. Ya basta de ceder tu poder. Y así podría seguir con muchas cosas más. Digamos tan solo que ya has tenido bastante.

Este es el lugar donde los milagros ocurren, cambios sutiles en las personas o el entorno que antes no existían.

Una vez, al principio de mi trayectoria como escritor y orador, di una charla a un grupo de maestros de escuela en el marco de un curso de formación que se daba en horario laboral, día en el que los profesores no dan clases y lo dedican a asistir a charlas y recibir formación. El director adjunto de la escuela me invitó tras haber asistido a una de mis conferencias unos meses antes. El plan era que hablaría durante una hora sobre ciencia e inspiración.

A menudo empiezo estas charlas dando unos ejemplos del efecto placebo, tanto para presentarme como un científico de la industria farmacéutica que se ha visto fascinado por el efecto placebo como para introducir el concepto de que la mente es más poderosa de lo que creemos. Pero en esa ocasión, mientras me dirigía a un centenar de personas entre profesores y personal administrativo que se encontraban frente a mí, empezaron a acosarme.

Un profesor de biología fue el primero en tomar la palabra y dijo, con un deje agresivo en el tono de su voz, que el efecto placebo no existía, que no tenía ninguna consecuencia en la mente-cuerpo y que algunas personas sencillamente mejoraban. Eso fue todo.

A pesar de que en ese momento yo era probablemente uno de los más destacados expertos en Gran Bretaña en el efecto placebo, había escrito varios artículos sobre el tema, había dictado unas quinientas conferencias sobre la conexión mente-cuerpo, había asesorado a productoras de televisión y me habían invitado a presentar un documental sobre la materia que se pasó en horario de máxima audiencia, a pesar de que tenía un doctorado y había trabajado como científico aprendiendo de primera mano que las expectativas que una persona tiene sobre su recuperación influían en el resultado, las únicas palabras que pude encontrar a modo de respuesta fueron: «Ah, nunca me lo había planteado de ese modo. Puede ser».

Estaba asustado. Él era agresivo. Yo había dejado de comportarme como un adulto; era un niño escuchando las palabras de un maestro adusto.

Mi voz cambió. Hablaba más quedamente. No fue intencionado; sentí la tensión en la garganta. Me daban miedo todos los que se encontraban en la sala de actos.

Y aquello fue empeorando. Al cabo de un rato era incapaz de pronunciar palabra sin que los demás protestaran. Lo único que pude hacer para evitar echarme a llorar y ponerme en ridículo en una sala llena de adultos fue respirar hondo y hablar más despacio.

Es curioso lo que ve la gente. Pasado el trance, el director me pidió que fuera a su despacho. Me preguntó cómo había conseguido evitar enfadarme y alzar la voz. Pensó que tenía un autocontrol asombroso, que había dado una lección profundamente inspiradora a todos los que estaban en el salón de actos, una que él recordaría durante mucho tiempo. Aplaudió que hubiera hablado más lento y hubiera respirado hondo para controlar mis emociones. Quería saber cómo lo había hecho, porque quería aprender.

Por supuesto no admití que llegó un momento, cuando ya llevaba media hora de conferencia, en que estuve a punto de echarme a llorar porque no podía soportarlo. Cinco personas acosadoras hablaban más que yo. Cada frase que pronunciaba venía refrendada por sus ataques. Tuve entonces un extraño momento de percepción y claridad. De hecho, no tenía por qué seguir allí; podía marcharme. Tras cubrir gastos, me quedaría una cantidad irrisoria. En realidad, le estaba haciendo un favor al director adjunto. De repente, sentí una fuerza interior parecida al alivio. Mi regalo de despedida serían unas cuantas palabras de cosecha propia.

El atril estaba a mi espalda. En él había dejado unas notas y una botella de agua. Volví la espalda al público y las tomé. Cuando me diera la vuelta, les diría dónde podían meterse exactamente su curso de formación. ¡Se habían pasado!

Pero justo cuando iba a hablar, una joven australiana se levantó. Se sentaba en una de las primeras filas, a mi derecha.

«Doctor Hamilton —dijo—. Déjeme que le diga que me da mucha vergüenza formar parte de este público. Estamos ante un caso claro de acoso escolar, y estos maestros tendrían que saberlo. Soy profesora en prácticas y vivo en Australia. He venido a pasar un año para adquirir experiencia. Y puedo decirle que esta clase de conducta no se habría dado jamás en Australia. Quiero que sepa que no formo parte de esto.»

Hubo un arranque de aplausos. Fue increíble. Me sentí lleno de gratitud y alivio.

Cuando terminaron los aplausos, el maestro que dirigía a los acosadores se levantó, gritó que él podría dar la misma charla «con una cruz colgada del puto cuello» y salió furioso de la sala. Cuatro profesores más se marcharon con su líder.

Las personas pueden comportarse de manera distinta a como son en realidad cuando van en grupo, sobre todo si el grupo tiene un perfil acosador. Hay personas (y cuento entre ellos a cuatro maestros que se quedaron) que tienen tan poca autoestima que harán lo que sea para ser aceptadas, incluyendo ser mezquinas y desagradables. A todos nos impulsa la necesidad de pertenencia.

Ahora que la figura principal se había marchado, los cuatro profesores que se habían quedado se comportaban como las personas más agradables de la sala. Bebían cada una de mis palabras, inclinados hacia delante y asintiendo con convicción. Podría haber dicho cualquier cosa. Podría haber afirmado que la Tierra era plana y esos hombres inteligentes me habrían dado toda la razón.

Ahora esos hombres me despiertan una profunda compasión, porque veo que deseaban rectificar su comportamiento. Los veo a través de los ojos de una persona que sabe distinguir lo que es la baja autoestima. Las personas que acosan, dominan o controlan a los demás son los que tienen la autoestima más baja. ¿Por qué, si no, crees que necesitan dominar? Cuando lo consiguen, su secreta sensación de *no ser lo bastante bueno* se sustituye temporalmente por *soy lo bastante bueno*.

Hay personas que también acosan porque están frustradas con la vida que llevan, con el trabajo o con sus relaciones. Soñaban con hacer otras cosas y no fueron capaces. Dominar a los demás es la única manera de sentir el control. En esos momentos fugaces, la sensación de ser lo bastante bueno actúa como una tirita que se colocan en la herida de su baja autoestima.

Hace varios años, mi amiga Alisa y yo hablábamos de los libros de autoayuda. Era una época en que yo todavía no había escrito ninguno. Ella estaba agotada de tanta autoayuda, cansada de considerar los problemas de su vida como las manifestaciones de sus pensamientos y emociones.

Quise compartir con ella una metáfora con la que estaba trabajando y que posteriormente incluí en *Is Your Life Mapped Out?* «La vida —le dije— es como navegar por un ancho río con una canoa. Nuestra mente es como un remo. Podemos utilizarlo para remar a la izquierda o a la derecha, hacia delante o hacia atrás, o incluso hacer lo que hace mucha gente y dar vueltas en círculos. El río también lleva corrientes y, a veces, aunque no hagamos una elección consciente y no sea culpa nuestra, esa corriente nos lleva hacia la izquierda o hacia la derecha, hacia las personas, los entornos y las circunstancias.»

«¡Ja! —exclamó Alisa—. Esto es perfecto para la gente que escribe libros de autoayuda y de consiga-usted-lo-que-quiere. Los ríos están en calma. Yo, en cambio, ¡siempre estoy en los rápidos! ¡Y como alguien vuelva a repetirme que mire en mi interior, le daré un puñetazo!»

Alisa siempre había sido una persona que imponía paz en todas las circunstancias.

Ahora, sin embargo, estaba diciendo *basta.*

Como mencioné anteriormente, en esta etapa a menudo aparece la pasión y, a veces, los ataques de rabia. Cuando decimos basta, nos referimos a las cosas tal como han sido hasta entonces. Decimos basta a sentirnos como nos hemos sentido. Vamos a acelerar el paso y a tomar el control de nuestras vidas. Y si eso representa un problema para alguien, ¡que se aguante!

Por eso, hallarse en este lugar es sano. En este momento ya no sentimos que tengamos que controlar nuestra vida. Aunque quizá no nos gusten nuestras circunstancias actuales, nos damos cuenta de que la única cosa sobre la que tenemos control es sobre nosotros mismos, y cuando empezamos a ejercer ese control, nos percatamos de que tenemos más poder para conformar nuestra realidad personal de lo que creíamos.

En este espacio es donde se toman las decisiones, se forjan las relaciones, se fortalecen o se rompen, se obtienen los ascensos, se buscan nuevos empleos y se descubre un nuevo respeto. Este es el lugar donde decidimos hacer cambios sobre cómo y dónde vivimos. Es el lugar donde empezamos a sentirnos libres.

Etapa 3: «Soy lo bastante bueno»

Pasado un tiempo, la mayoría alcanzamos la etapa de «Soy lo bastante bueno». Es cuando ya no tenemos ninguna necesidad de mostrar al mundo que somos los dueños de nuestra propia vida. Lo sentimos en nuestro interior.

En esta etapa ya no tenemos la necesidad de demostrar nuestra valía, no nos sentimos obligados a estar de acuerdo con todos y tampoco necesitamos gustar a los demás. Resistimos mejor la vergüenza. No tenemos miedo de mostrar nuestras debilidades, un asomo de inseguridad o nuestras vulnerabilidades. Además, cuidamos de nosotros mismos. Y la vida se vuelve más fluida.

A veces esta etapa nos toma desprevenidos. Un día nos damos cuenta de que nos sentimos distintos desde hace tiempo. Puede pasar de la noche a la mañana, y entonces tenemos la convicción profunda y la repentina percepción de que vamos a vivir la vida de otra manera, desde un nuevo marco mental.

La mayoría alcanza esta etapa durante los últimos años de su vida, aunque eso no significa que no podamos hacerlo en cualquier momento. Solo he apuntado que la mayoría se toma un cierto tiempo para creerse que son lo bastante buenos. Algunos alcanzan ese estado liberándose; cansados ya de la batalla. Otros emergen gradualmente a él.

Es una etapa de satisfacción en la que dejamos de resistirnos a la vida y, al hacerlo, en realidad podemos influir más en ella. También es un estado de gratitud, tanto para las personas como para los contenidos de nuestra vida.

En muchos sentidos, nos parecemos a nuestro niño interior. Los niños pequeños no se cuestionan su valía. Ni siquiera saben lo que significa su propia valía. Pero su comportamiento muestra una completa aceptación de sí mismos, que los adultos conocemos como amor por uno mismo.

Cuando su hija Alyx tenía dieciocho meses, mis amigos Bryce y Allyson la llevaron a visitarnos durante unos días. Una noche, después de cenar, Bryce le preguntó: «¿Eres brillante, Alyx?» Ella respondió: «Síííí». Y luego se encogió de hombros. A continuación se puso delante de un espejo que tenemos de cuerpo entero y le dio un beso a su propio reflejo.

Quien sabe que es lo bastante bueno tampoco se cuestiona su valía. El amor por uno mismo es un precepto que se encuentra en su naturaleza. Y, como les ocurre a los niños, algunos desempeñan mejor ese papel.

Es fácil reconocer a las personas que se saben suficientes. En general, gustan a todo el mundo. No malgastan esfuerzos convenciéndote de sus buenas cualidades o logros, sino que a menudo muestran un interés activo en los tuyos.

En este libro, voy a ofrecerte unos consejos sencillos y estrategias que te ayudarán a vivir a partir de este estado de ser lo bastante bueno. Voy a llevarte al gimnasio del amor por ti mismo.

El gimnasio del amor por ti mismo

Este libro contiene muchos ejercicios. No necesitas hacerlos todos, pero te aconsejo que hagas aquellos con los que te identifiques y también los que te empujan o alejan ligeramente de tu zona de confort. La idea es que esto sea como un gimnasio para tu alma: un gimnasio para amarte a ti mismo.

La clave para obtener beneficios del gimnasio del amor por ti mismo es la práctica continuada, así como los ejercicios regulares en un gimnasio físico son la clave para estar en forma físicamente. Hay unos cuantos ejercicios que requieren repetición, como si hicieras diez flexiones de piernas, por ejemplo. En otros ejercicios habrá que reflexionar más, o se te pedirá que hagas elecciones o decidas los pasos que vas a dar para actuar. Todos los ejercicios están diseñados para ayudarte a conseguir el estado mental y emocional del soy lo bastante bueno. Son ejercicios que colocan tu mente y tus emociones en ese estado; aunque solo sea durante un breve período de tiempo al principio. El efecto es conseguir conectar este estado a las redes neuronales de tu cerebro. Profundizaremos en ello más adelante.

Solo eres humano

Una de las muchas cosas que te recordaré mientras estés leyendo este libro es que solo eres humano. Nadie pasa por la vida sin cometer errores. Nadie pasa por la vida sin tener un mal día. De hecho, hay muchos días malos. Es decir, que si la vida es dura para ti ahora mismo, piensa que sin duda no estás solo. Es dura para muchas personas. A veces saber eso puede hacer que te resulte algo más fácil. Puede hacerte sentir un poco menos solo. Y no estás solo. Eres un miembro, después de todo, de la familia humana.

El derecho a ser feliz es congénito en los seres humanos. No necesitamos ganarnos ese derecho, así como no necesitamos ganarnos la luz del sol o el oxígeno. También tenemos derecho a amar y a estar sanos. Y a esforzarnos. Y cuando digo «tenemos derecho» quiero decir que no caben las preguntas, las discusiones o los debates en este punto. ¡Así son las cosas!

Recuérdalo cuando inicies el proyecto de amarte a ti mismo. Recuerda también que no hay que correr para completarlo. Yo trabajé en el mío durante nueve meses antes de realizar el primer borrador, y todavía me queda un largo camino por recorrer. No te impongas más presión. Recuérdate que es correcto que te encuentres exactamente donde te encuentras. Eso hará que te resulte más fácil moverte hacia delante.

Aquí tienes un breve resumen de lo que hemos aprendido hasta ahora:

Las tres etapas del amarse a uno mismo son: 1) «No soy lo bastante bueno», que se convierte en: 2) «Ya basta», que se convierte en: 3) «Soy lo bastante bueno».

La mayoría pasamos mucho tiempo en la primera etapa, aunque no nos demos cuenta. No se trata tanto de ser consciente de ello como de asumir que nuestra propia valía nos lleva a interpretar el mundo y el comportamiento de las personas de una determinada manera.

Necesitar gustar a los demás, y que los demás nos den su aprobación, es una de las características de la primera etapa. Sentirse insignificante, irrelevante y falto de confianza en uno mismo también es común.

Con el tiempo, quizá descubramos que «Ya basta». El tema no son las circunstancias de nuestra vida y la manera como nos tratan los demás, sino la conciencia de que en realidad todo

eso tiene que ver con nuestra sensación de valía. Entonces empezamos a tomar el control otra vez.

Es bastante frecuente sentir pasión e incluso rabia en este punto. Es una etapa que requiere mucha más energía que la de no soy lo bastante bueno.

Esperando al otro lado de esta etapa se encuentra el «Soy lo bastante bueno». En esta etapa, sentimos que ya no es necesario demostrar nada a nadie. No necesitamos gustar a la gente, aunque en general descubrimos que eso es lo que sucede, porque nos gustamos a nosotros mismos. Por eso ya no gastamos energía buscando aprobación y consuelo, y el éxito y los logros nos llegan con mayor facilidad. La vida no es nada sin retos, porque los retos son normales en la experiencia humana. Pero la actitud con que nos enfrentemos a estos retos es la de «Soy lo bastante bueno». Y eso engendra felicidad y satisfacción.

Capítulo 2

Conozcamos a los padres

«Las investigaciones nos indican que los padres
son los primeros indicadores que nos demuestran
la tendencia que tendrán nuestros hijos a
sentir vergüenza o a sentirse culpables.»

Brene Brown, *Frágil: el poder de la vulnerabilidad**

¿Te has dado cuenta de que la mayoría de adultos se comporta como los niños?

Una vez trabajé en un despacho en el que si cerraba los ojos, era posible imaginar que estuviera lleno de niños. Vi un despliegue de rabietas, portazos, insultos, etc., lo mismo que esperarías en un patio de colegio, al margen de que te roben el dinero para el almuerzo o te suban los pantalones por detrás hasta marcarte la raya del trasero (aunque la mayoría de adultos actúan de manera equivalente). La mayor parte del tiempo ese entorno era normal, y las personas eran amables y muy trabajadoras. Pero cuando se las presionaba en el mal sentido de la palabra, algunas se convertían en niños o en niñas.

Sospecho que tú también habrás trabajado en algún lugar parecido. Lo contrario me sorprendería. Son pocos los adultos que

---

* Ediciones Urano, Barcelona, 2013.

crecen sin estar en contacto con esta clase de comportamientos. Solo tienes que ver una sala llena de políticos que discuten para saber exactamente de lo que estoy hablando. En apariencia parecemos adultos. Hemos aprendido que tenemos que comportarnos de una determinada manera. Pero cuando nos empujan o nos pinchan de malos modos, la madurez sale disparada por la ventana.

Hay quien intenta ocultar su comportamiento infantil en un esfuerzo por parecer respetable o profesional. Pero entre bambalinas, su esposo, su mujer o sus hijos llegan a ver la tendencia infantil de que hace gala su comportamiento emocional.

Nuestra mezcla química

La razón se encuentra en una combinación especial de nuestra química cerebral.

El cerebro se acostumbra a las cosas, igual que nosotros. Así como podemos acostumbrarnos a un trabajo, un marido o una esposa, o incluso a una determinada marca de té, el cerebro se acostumbra a una combinación concreta de sustancias químicas. Una de ellas es el cortisol, la hormona del estrés.

Es lo que ocurre en general durante los primeros seis o siete años de vida. Es el resultado de nuestro entorno emocional más sólido. Antes de los siete años, el cerebro se ha hecho ya a la idea de lo que es «normal», y «establece» ese nivel de cortisol y la mezcla completa de sustancias químicas.

Entramos en la edad adulta con ese nivel y esa mezcla. A medida que nos adentramos en la madurez, sale a la luz nuestra manera de sentirnos, nuestra interpretación del mundo que nos rodea y el comportamiento de los demás, y también nuestra reacción a los elementos que desencadenan el estrés. Esa es la razón de que la mayoría nos comportemos como niños.

El nivel de cortisol y la mezcla de sustancias químicas no son genéticas, ni siquiera a pesar de que la mayoría asuma que deben de serlo. Es muy corriente pensar que la genética es la causa de todo. Y esa idea se refuerza debido a la existencia de grandes programas de investigación del genoma subvencionados con miles de millones de dólares para identificar el «gen del cáncer» o el «gen del Alzheimer». Son proyectos que se anuncian en los titulares de los periódicos, pero los científicos que trabajan en ellos saben que las cosas no son blancas o negras. Saben que el entorno desempeña un papel enorme en el comportamiento de un gen.

Por desgracia, en líneas generales la mayoría de la gente no lo sabe. Y se hace a la idea de que si eso está en sus genes no hay nada que hacer. No es verdad, en absoluto. Con la excepción de un número muy reducido de enfermedades genéticas, la manera de comportarse de un gen es debida, sobre todo, a su entorno.

Un gen es como una bombilla con un sensor que mide la luz natural que hay a nuestro alrededor. A medida que la luz natural va bajando al llegar la noche, la bombilla se enciende. Reacciona a su entorno. Nuestros genes hacen lo mismo. Siempre lo han hecho. Así es como funcionan.

No me interpretes mal. La genética también desempeña un determinado papel, pero cuando se trata de mirar los niveles de química e incluso la arquitectura neural del cerebro, ese papel es menor. Nuestro entorno es mucho más importante. Y de pequeños, nuestro entorno lo crearon, la mayoría de las veces, nuestros padres.

El contagio de la valía personal

Demos a los niveles de valía personal una gradación del uno al diez. Si tu madre tenía un nivel de valía personal de, digamos, un siete, y tu padre de un cuatro, y tú estabas más unido a tu madre, probablemente tendrás un nivel de valía personal del siete, o quizá del seis, en función del tiempo que pasaras con tu padre. Y eso es debido a que en tus primeros años de vida, cuando tu cerebro crecía a toda velocidad, debiste de encontrarte en un entorno creado por tu madre. Es lo que llamo «contagio de la valía personal».

Por supuesto, las cosas no son blancas o negras, porque los demás también nos influyen: los abuelos, por ejemplo, e incluso los maestros de la escuela. Y a veces un acontecimiento único, o incluso una frase, resuena en nosotros a un nivel inconsciente y tiene un efecto significativo. Por eso siempre hay excepciones. Siempre existe esa persona que crece en un hogar de nota dos y sale con un nueve, o crece en un entorno de ochos, pero se mueve por la vida como un tres. Sin embargo, la mayoría, y eso ocurre casi siempre, tendremos unos niveles de valía personal bastante cercanos a los de nuestros padres.

Si eres padre y tienes una baja autoestima, ¡no te preocupes! Ahora que entiendes el efecto del contagio de la valía personal, puedes ayudar a tus hijos a tener un nivel mucho más sano de autoestima. Todo comienza cuando tomes conciencia de eso. Entonces podrás llevar a la práctica lo que has aprendido en este libro. Y a medida que tu autoestima aumente, conocerás el mundo de una manera completamente distinta. Ayudarás más a tus hijos, porque estos aprenderán de tus palabras y tus actos.

Como la mayoría de padres, mi madre y mi padre no sabían nada del contagio de la valía personal. Yo diría que mi madre se relacionaba con el mundo como un tres y mi padre como un cuatro. Con unos niveles tan bajos, el concepto de una alta valía personal puede ser difícil de entender, con independencia de la profesión que elijas en tu vida, porque no existe ningún marco de referencia, ninguna experiencia de valía personal alta que tengas a mano. Es como intentar imaginarte un color que no existe.

Relacionarte con el mundo con una baja valía personal se ha convertido en una costumbre para la mayoría y me figuro que tú te encuentras entre estas personas. Con independencia de lo que suceda a tu alrededor, de lo que se diga o del comportamiento de las personas, tu cerebro está tan acostumbrado a interpretar el mundo de una manera en concreto que nunca te has planteado cuestionártelo. Cuando sucede algo bueno, o se dice algo bueno, das por sentado que es excepcional, o que «es lo que dice» la gente, aunque puede que ese hecho te pase por delante sin encontrar resonancia en ti. Una baja valía personal incluso provocará que malinterpretes las palabras y las intenciones de las personas, porque tu cerebro se está esforzando en mantener los niveles de sustancias químicas que considera normales. Muchas personas con una baja autoestima llegarían hasta los confines de la tierra para encontrar el insulto tras el cumplido.

A menudo las personas se casan con alguien que tiene un nivel similar de autoestima al de ellas mismas. Atraemos a las personas que nos aportarán esa clase de experiencias y validaciones a las que nuestra química cerebral está acostumbrada. No es infrecuente que una persona con una baja autoestima aleje de sí a una posible pareja que le ayudaría a llevar una vida feliz y se decante por otra que le traerá los mismos niveles de estrés, ansiedad y depresión a los que su cerebro se ha condicionado.

Pero hay esperanza; por supuesto que la hay. ¡De otro modo yo no habría escrito este libro! El amor por uno mismo puede aprenderse a cualquier edad con pensamientos y una práctica propios. Lo descubriremos más tarde. Pero primero voy a presentarte otras influencias de los padres, solo para que comprendas mejor cómo nos desarrollamos y para ayudarte a cambiar de una manera más rápida.

Cómo aprendemos a cuestionar nuestra validez

No hace mucho, en un congreso, oí a Michael Neill, autor de *Feel Happy Now,* decir: «Naciste feliz. No naciste necesitando terapia».

¡Es verdad! Felices es como empezamos. Nuestra sensación de valía también es saludable. Aunque la mayoría la olvidamos al crecer y nos pasamos el resto de la vida intentando volver a encontrarla, pero los niños pequeños no cuestionan su valía para nada. Al principio, no. Aprenden a hacerlo luego, a través de sus experiencias con los adultos.

Por decirlo simple y llanamente, los niños pequeños aceptan todo lo que los adultos les dicen. Si las palabras y los actos de los adultos les transmiten la idea de que no son lo bastante buenos, sabrán que no lo son. Si las palabras y las acciones de los adultos les demuestran que lo son, eso será lo que entenderán.

¿Cómo sucede eso? De tres maneras básicamente.

1) Sentirse avergonzado

Algunos padres utilizan la vergüenza como recurso en su educación. Sobre todo porque no han aprendido otra cosa. Sus padres les avergonzaron, y estos asimismo lo sufrieron de sus padres respectivos. La vergüenza es un estilo de actuar que se transmite de generación en generación, como los genes. Es una manera de corregir el comportamiento. Pero hay un inconveniente en el hecho de decirle a un niño que es malo, mentiroso o que no sirve para nada. Y no se encuentra en la reprimenda. El problema está en el empleo de las palabras «tú eres» seguido de algo negativo. Eso es lo que avergüenza, y es en la infancia donde comienza.

La cuestión es que hay una diferencia abismal entre contar una mentira y ser mentiroso. Contar una mentira es una manera de comportarse, y el comportamiento puede cambiarse. Pero si un niño o una niña creen que son mentirosos, eso exige un cambio de identidad. Es algo mucho más difícil de cambiar, y esa sola idea puede hacer que un niño se sienta indefenso. Por eso aceptan esa identidad que se les da, y algunos se rebelan, mienten, engañan y roban expresando ese sentimiento. En último término, la vergüenza corroe la autoestima. Más adelante, en este libro, aprenderás a resistirte a la vergüenza.

La mayoría de padres no quieren avergonzar a sus hijos. Ignoran que el lenguaje tiene efectos negativos.

Una de las maneras más poderosas de comunicarse con un niño la vemos en la película *Criadas y señoras*, basada en un libro de Kathryn Stockett. No he leído el libro, pero en la película la niñera negra dice continuamente a la niña blanca a la que cuida que es buena, que es amable e importante. Y anima a la niña a que lo repita. Para mí es un mensaje muy poderoso para un niño que lo único que puede hacer es reforzar su sentido de valía. El niño o la niña tienen un sentido positivo de su identidad a través de las palabras «Tú eres» seguidas de algo bueno.

Mi amiga Lizzie, sin embargo, señaló que muchos padres, los suyos incluidos, se horrorizarían de que una niña afirmara su valía de esa manera, porque entonces sería como si se la animara a «creerse más de lo que es». También oía yo esas palabras con frecuencia en el pueblo en el que crecí, y en la escuela a la que asistí. Por desgracia, la consecuencia de no querer «creerse más de lo que uno es» puede significar pasarse la vida desempeñando el papel de persona insignificante que va por ahí pidiendo disculpas. Eso provoca la sensación de sentirse «que uno no es lo bastante bueno» y además interfiere en los logros personales. Lo digo por propia experiencia.

Otra versión del término que se empleaba en mi pueblo y en la escuela fue «Este está encantado de haberse conocido». Del mismo modo, para evitar que la comunidad los aísle y rechace, los niños aprenden a hacerse los insignificantes, y así es como se planta la semilla del no soy lo bastante bueno.

2) Ser criticado

La segunda manera en que los niños aprenden a dudar de su valía es mediante las críticas. Algunos reciben críticas porque hacen las cosas mal, o porque se equivocan. A otros se los compara con esos hermanos que hacen las cosas correctamente. Incluso hay padres que maldicen o se burlan de sus hijos.

De vez en cuando una crítica es correcta si es bien intencionada, pero para algunos niños es algo recurrente, y así es como funcionan las redes neuronales. El hecho de que los padres estén intentando educar a sus hijos y ayudarles a crecer no cambia que las críticas constantes les den pie a sentirse que no son lo bastante buenos. Cuando un padre dice «Lo estás haciendo mal», lo que quiere decir en realidad es «Sería mejor que lo hicieras de esta manera». Lo que el niño oye es «No eres lo bastante bueno en estos momentos». Con el tiempo el niño aprende a nivel subconsciente que no es lo bastante bueno.

Muchos niños tienen padres críticos que los empujan a que tengan resultados académicos brillantes. Si el niño o la niña saca un notable, la reacción es buena, pero entre líneas puede leerse «Quizá si trabajas más sacarás un sobresaliente la próxima vez». Lo que oye el niño es «No estás trabajando lo suficiente». A veces, los padres incluso insisten en lo bien que se les daba cuando iban a la escuela o a la universidad.

Todo eso puede provocar que uno se pase décadas intentando demostrar la valía propia ante el padre o la madre. Muchas personas ambiciosas son así, perfeccionistas que necesitan ser los mejores, estimulados por una sensación de carencia que creen que terminará el día que tengan éxito. Sin embargo, les falta entender que los éxitos nunca llenarán ese vacío que representa para ellos su valía. Solo saber que eres lo bastante bueno llenará ese vacío.

3) A través de la observación

La tercera manera de aprender a dudar de nuestra valía es observando el comportamiento de los que nos rodean, sobre todo de la persona que cuidó de nosotros. Mi madre tenía una baja autoestima cuando yo era pequeño, y yo estaba presente cuando ella expresaba sus sentimientos personales. Por eso aprendí a actuar de la misma manera; no porque ella me dijera que así era como me debía comportar, sino sencillamente porque era lo que aprendí de ella. De hecho, ella había aprendido a dudar de su propia valía cuando era pequeña.

Cuando tenía ocho años de edad, mi madre presenció cómo a mi abuela le daba un ataque que la dejó paralizada de un lado e incapaz de hablar. Mi abuela cayó por las escaleras y se agarró a la barandilla. Mi tía Jane, la hermana mayor de mamá, que tenía diecisiete años en esa época, gritó: «¡Ve a buscar a papá!» Él trabajaba a un kilómetro y medio de distancia. Mamá fue corriendo y regresó con su padre. Entre todos llevaron a la abuela al hospital.

La abuela siempre se había encargado de lavar y de limpiar, y mientras se recuperaba de su ataque, la familia tuvo que tomar el relevo. Mi abuelo trabajaba muchas horas, y las dos hermanas mayores de mi madre estaban en la edad de salir con chicos. Mamá creyó que su obligación era aprender a hacerlo todo sola, y también ayudar a cuidar de sus dos hermanos menores. Un día, al cabo de dos años, la maestra se reunió a solas con ella y le dijo que llevaba las cintas del pelo sucias, y que aunque su madre estuviera incapacitada, ya tenía edad suficiente para saber cuidar de sí misma. Esa mujer lo hizo con la mejor de las intenciones, pero decirle a una niña que está entrando en la pubertad que es sucia es lo peor que puede hacerse en este mundo. Aunque no tuvo la culpa de eso, mi madre se forjó la profunda creencia de que valía menos que los demás.

De mayor también ha tenido muy poca autoestima, lo cual no resulta sorprendente. Construirme, por lo tanto, mi propia confianza en mí mismo ha sido uno de los retos mayores de mi vida.

Los padres

Algunos padres tienen muy poca habilidad para ser padres. En la zona en la que crecí la mayoría de nuestros vecinos eran gente agradable y simpática. Pero era bastante frecuente oír cómo increpaban a algunos niños con un lenguaje que no me atrevería a reproducir en este libro. Muchas veces oía a algún padre o alguna madre decir colérico: «¡Como te atrevas a mirarme, te giro la cara de un bofetón!» Estas palabras siempre se decían con rabia. No es de extrañar que estos niños crecieran con una baja autoestima.

Yo crecí en un entorno típico de clase obrera. Mis padres nunca me presionaron para que tuviera estudios porque nadie de nuestra familia había ido al instituto o a la universidad. Parecía que estaba fuera de nuestro alcance. Fue mi profesor de química, el señor Tracey, el primero en plantar la semilla en mi mente, a mis dieciséis años, poco después de que recibiera los resultados de los exámenes y obtuviera un sobresaliente en química.

Cuando lo mencionó, mi reacción inmediata fue el más absoluto asombro. Yo no podía ir a la universidad. Imposible. No era lo bastante inteligente, y mi familia no tenía dinero para pagarme los estudios. De eso estaba seguro.

También creía, por muy ingenuo que pueda parecer, que solo había dos universidades en Gran Bretaña: Oxford y Cambridge. Lo creía porque veía la regata anual que daban por televisión.

Solo personas como Michael Thom y Paul Tortolano, dos chicos muy inteligentes de clase media que iban a mi clase, podían permitirse el lujo ir a la universidad. Y quizás el Gran Vince Kolowski también. A pesar de pertenecer a un entorno parecido al mío, era mucho más listo que los demás.

Ir a la universidad no era la norma en lo que respectaba a nuestro barrio. Pero mi madre ejercía una influencia muy positiva en mí. Muchas veces me dijo a lo largo de mi infancia: «Sigue estudiando y hazlo bien para que puedas tener una vida mejor de la que hemos tenido papá y yo». Lo oí tantas veces... Todavía lo oigo resonar en mi cabeza como si fuera un mantra.

Y fui a la universidad, a estudiar química. La falta de presión que ejercieron mis padres hizo que la universidad para mí consistiera en aprender cosas que me fascinaban. Me encantaba la química. Me encantaba aprender la estructura de las moléculas y cómo construirlas. También me gustaba mucho hacer cálculos en esas clases en que la química, la matemática y la física se solapaban. En realidad, me encantaba aprender.

Conocí a un par de chicos y chicas de clase que eran unos entusiastas. Siempre se encontraban entre los primeros puestos en cuanto a resultados académicos. También eran los más estresados. Las dos cosas parecían ir de la mano. Pocas veces estaban satisfechos de los resultados obtenidos en sus exámenes. Mirando atrás diría que también padecían una depresión, aunque lo ocultaban muy bien.

La mayoría de estudiantes de clase obrera, como yo, eran más despreocupados, y el tiempo que pasaron en la universidad para ellos fue mucho más llevadero.

Esta observación se refleja en un estudio que llevaron a cabo unos psicólogos y que compara a las chicas con un buen nivel académico de clase media con chicas de clase trabajadora desde los cuatro hasta los diecinueve años de edad.[1] Aun sin haber cumplido los diecinueve, las chicas de clase media iban más estresadas y angustiadas que las de clase obrera. La causa parecía estar en que sentían que sus éxitos no bastaban.

La mayor parte de las veces las chicas incluidas en esta categoría tenían padres con un estilo de formación crítico. El problema de utilizar el estilo crítico como padre o *coach* es que te enseñan que en ese momento no eres lo bastante bueno, que solo serás lo bastante bueno cuando logres tal y tal cosa.

Unos padres críticos no pretenden comunicar algo así, desde luego. En su mayor parte solo intentan que sus hijos se den cuenta de su potencial. Pero aunque los niños se conviertan efectivamente en adultos que han cosechado grandes éxitos y los padres crean que tenían razón al empujarlos, las investigaciones indican que los que buscan grandes logros es más probable, estadísticamente, que tengan la estima más baja que los que consiguen unos logros situados en la media. Tener padres que te presionan es un terreno de cultivo para la depresión.

En un estudio sobre chicas estadounidenses procedentes de ámbitos sociales adinerados, más del 20% sufrieron depresiones graves.[2] Si esa cifra solo es el 7% de la población general,[3] es fácil ver los efectos que tiene presionar o formar a alguien a base de críticas.

Los niños presionados para tener éxito aprenden a condicionar su propia valía a la consecución de objetivos, porque el éxito es la única manera de lograr la validación por parte del padre o la madre que los ha empujado o formado a base de críticas.

Los niños que se ven impelidos a tener éxito aprenden a vincular su sensación de valía al logro de unos objetivos porque el éxito es la única manera de ser reconocido por un progenitor que en general los presiona o critica. De adultos, si tienen éxito, se sienten bien. Si fracasan, y si no han aprendido a tener compasión de sí mismos, la sensación de tener poca valía personal es muy difícil de superar.

Cuando son adultos, la mayoría de estas personas han aprendido a plantearse objetivos poco realistas. En lo más hondo de su ser, esperan fracasar a la larga, y que eso les devuelva al nivel de autoestima al que están acostumbradas para conservar la química cerebral que su cerebro conoce. Sin embargo, al mismo tiempo, luchan por tener éxito en el convencimiento de que este les aportará una mayor autoestima.

No pretendo establecer una comparativa entre clases sociales, y recalcar que muchos padres de clase media y clase alta presionan a sus hijos para que tengan éxito porque han aprendido el valor que tiene en carne propia y quieren que sus hijos triunfen y vivan con comodidades. A menudo esto funciona cuando uno apuesta por el éxito, pero puede tener consecuencias negativas si se apuesta por la salud mental y la autoestima, sobre todo si la estrategia de formación de los padres se ha basado predominantemente en las críticas. Los niños necesitan guía y límites, pero también necesitan aprender que son lo bastante buenos tal como son, y que necesitan poder hacer sus propias elecciones y aprender cuáles son las consecuencias probables de sus elecciones.

En lo fundamental, aprendemos cómo deberían tratarnos a partir de la manera como nos trataban nuestros padres. De pequeños, somos más observadores de lo que nuestros padres creen. Aprendemos la manera en que deben hablarnos por la manera en que ellos nos hablan. Aprendemos a comportarnos observando cómo se comportan ellos y aprendemos a interrelacionarnos con las personas observando cómo estas interactúan con los demás. Incluso nos damos cuenta de si nos tratan con mayor o menor justicia que a otra persona: a un hermano, por ejemplo. Ver que un hermano o hermana recibe un trato preferencial puede acarrear un déficit de amor por uno mismo a una temprana edad. Deducimos que él o ella es mejor que nosotros. Por inferencia, «No soy lo bastante bueno».

Evidentemente, los niños no siempre son tan sensibles. La mayoría son muy resistentes, y es poco probable que les afecten los comentarios o las situaciones casuales que parezcan favorecer a otros niños. Es el comportamiento o el trato regular durante un cierto período de tiempo lo que influirá sobre todo en la manera de sentirse de un niño y el lugar que este ocupe en el mundo.

No se trata de culpabilizar

Antes de seguir adelante, quiero dejar claro que no se trata de culpar a nuestros padres por el reto que represente para nosotros nuestra autoestima. La inmensa mayoría de padres quieren lo mejor para sus hijos y hacen lo que consideran oportuno para ellos.

Aunque yo no tengo hijos en el momento en que escribo este libro, soy como un padre para *Oscar*. A veces *Oscar* es un perro nervioso. En su gran éxito en YouTube[4] aparece como un cachorro de tres meses, asustado por tener que cruzar el umbral de la puerta principal de casa para dar su primer paseo. En la actualidad sigue ocurriendo algo muy parecido: y no me refiero al hecho de salir de casa, sino al de ir a casa de otras personas.

Además del amor por mí mismo, algunos de los retos mayores de mi vida me los ha planteado precisamente esto: la confianza en mí mismo, el miedo y la ansiedad. Es posible, incluso probable, que *Oscar* haya aprendido de alguna manera ciertos hábitos míos. A posteriori, probablemente yo habría hecho las cosas de distinta manera cuando él era un cachorro. En ese momento, sin embargo, pensé que estaba haciendo lo que era mejor para *Oscar*.

A pesar de que es muy poco probable que me culpabilice de los desafíos a los que ha tenido que hacer frente (básicamente porque es un perro), me gustaría que si fuera humano comprendiera que yo también he tenido mis dificultades en la vida, pero que siempre le he amado mucho y he actuado como me ha parecido que era lo mejor en ese momento. Si algún día él se convierte en padre, espero que traspase ese mismo sentimiento a sus cachorros.

La comprensión, en lugar de la culpa, tiene que ser el camino hacia delante que emprendamos todos.

Empecemos haciendo un viaje al gimnasio del amor por uno mismo…

EL GIMNASIO DEL AMOR POR UNO MISMO:
¿Cuánto te pareces a tus padres?

- Si de verdad eres una persona honesta, ¿explica cuánto te pareces a tu madre o a tu padre, o a los dos, en:

    …comportamiento?

    …actitud y pensamiento?

    …creencias?

    … la manera de reaccionar a los desafíos?

    … la manera de ver a la gente o al mundo?

- ¿Hay temas en tu vida que se parezcan a los que vivieron tus padres, o alguno de los dos? Por ejemplo, ¿estás con una pareja parecida a la de tu madre o tu padre? ¿Acaso el éxito o el fracaso los vives de forma similar a como lo hicieron tus padres? ¿Tu estado de salud es parecido? Si encuentras similitudes en estas cuestiones es que las creencias, las mentalidades y las maneras de ver el mundo y de valorarse a uno mismo son parecidas.

- Si has identificado que existen ciertas similitudes con tus padres que no te sirven, piensa en la forma de cambiar tus pensamientos, actos y creencias para afirmar que eres lo bastante bueno. A continuación escríbelos. Por ejemplo, podrías escribir:

«A pesar de que mis padres tenían una baja autoestima, ahora me muevo por la vida con confianza, valor y respeto por mí mismo».

O bien, si tu salud se parece a la de alguno de tus padres y está relacionada con el mismo estilo de vida, podrías escribir:

«Soy la maestra de mi salud. Me siento inspirada para tomar alimentos nutritivos y trato mi cuerpo con amor y respeto».

O quizá veas alguna similitud con su lucha por la economía, en cuyo caso podrías escribir algo así como:

«Ya no repito el destino financiero de mis padres. Cada día hago elecciones inspiradas y llevo a la práctica ideas que me están brindando grandes recompensas financieras».

♦ Repite estas afirmaciones diez veces por la mañana y diez veces por la noche.

Da mucho poder reconocer que la vida no es algo que te esté pasando, sino que son los patrones aprendidos los que definen muchos de sus acontecimientos y circunstancias. La fuerza de este ejercicio está en reconocer los patrones de la vida que has aprendido de tus padres y apartar de ti los que ya no te sirven.

Algunos hemos tenido una buena infancia, pero otros lo han tenido difícil. Completa los ejercicios siguientes si tienes la sensación de valer poco y crees que eso se origina en tu infancia:

EL GIMNASIO DEL AMOR POR TI MISMO: *¿Cómo surgió el tema de tu autoestima?*

◆ ¿Tus padres te alababan a menudo? ¿Te criticaban? ¿Te hacían sentirte avergonzado?

◆ ¿Cómo solía hablarte tu madre? ¿Y tu padre? ¿Y tus hermanos?

◆ ¿Algunas de tus experiencias en la escuela influyeron en tu sensación de valía personal? En caso positivo, ¿cuáles fueron?

◆ ¿Alguna persona o situación moldearon tu autoestima?

◆ Valora la autoestima de tus padres.

◆ Si tuvieras que valorar tu propio nivel de valía personal, ¿se parecería mucho a la de tus padres?

Intentar hacer lo que es mejor

Como dije anteriormente, es muy importante que no culpes a tus padres de tus problemas de autoestima. Si tu vida no ha sido llevadera, es fácil concluir que fue culpa de tu madre o de tu padre, pero la mayoría de los padres sencillamente intentan hacerlo lo mejor posible a partir de los conocimientos y las experiencias de la vida. Muchos, además, intentan conciliar sus responsabilidades como padres con otras exigencias, que a menudo son financieras y laborales.

Si te sientes furioso por la infancia que tuviste, prueba el siguiente ejercicio para comprender mejor a tus padres.

Por favor, date cuenta de que este ejercicio no está indicado para personas que han sufrido maltratos o agresiones. Si has sufrido abusos graves, te recomiendo que hables con un especialista bien formado y compasivo.

EL GIMNASIO DEL AMOR POR TI MISMO:
¿Cuál fue su intención?

Piensa en el modo en que te trataron tus padres de pequeño y pregúntate qué intención tenían.

Dale vueltas a la pregunta durante un rato. Intenta ponerte en su lugar. ¿De verdad crees que intentaban que fueras desgraciado? ¿No podría ser que intentaran hacer lo que consideraban que era mejor para ti? Quizá querían que triunfaras en el mundo y se tomaban de un modo tan apasionado tu potencial que te presionaban porque querían que te dieras cuenta, porque creían que eso te haría ser más feliz a la larga.

Los padres a menudo quieren que sus hijos tengan más cosas que las que tuvieron ellos. Pero quizá no sepan explicarlo bien a sus hijos, y es fácil malinterpretar sus actos pensando que no les quieren.

Muchos padres intentan hacer lo que consideran mejor a partir de sus conocimientos, experiencia y recursos, y estos no son infalibles. Los padres meten la pata. La gente mete la pata. Todos metemos la pata. Pero también intentamos hacerlo lo mejor posible. ¡Bienvenido a la vida!

Si podemos aceptar que nadie es perfecto, podemos empezar a desenmarañar las emociones. Incluso podemos aprender a reírnos de lo que nos sucedió en el pasado. Podemos reírnos de nosotros mismos, sin regañar ni juzgar, sino con compasión y diciendo: «Esto es lo que hice o así fui yo; ¡qué locura!, ¿no? Ja, ja, ja...»

Nuestra responsabilidad como padres

Si eres padre o madre y entiendes el origen de tu propia sensación de autoestima, sin duda puedes dar poder a tus hijos. Y darles poder es posible. Si eres padre o madre, maestro, educador, cuidador, tía, tío, amigo de la familia o vecino, puedes influir en la autoestima de los niños.

Depende de nosotros, como padres, educadores o familiares, enseñar a los niños a ganarse su autoestima.

Si los criticamos, aprenden a criticarse a sí mismos y a los demás.

Si les enseñamos a aceptarse y comprenderse, aprenderán a aceptarse a sí mismos y a los demás.

Si les enseñamos a mostrarse agradecidos, aprenderán a valorarse a sí mismos y a los demás.

Pero si les enseñamos a sentirse avergonzados, aprenderán a reprimirse y a ser ansiosos.

Si les enseñamos la honestidad, aprenderán a ser honestos consigo mismos y a ser justos con los demás.

Si compartimos con ellos, aprenderán a ser amables.

Si les enseñamos la amistad, aprenderán a crear vínculos y a formar relaciones.

Y si les enseñamos que son bastante buenos, ¡aprenderán que son lo bastante buenos y que tienen un futuro brillante!

En resumen, aprendemos a tener una baja autoestima. Y a menudo es porque nos sentimos avergonzados, porque nos han criticado o hemos estado en presencia de alguien (o de varias personas) con una baja autoestima y hemos aprendido sus hábitos.

Por supuesto, la mayoría de padres no pretenden minar la autoestima en sus hijos. En general, aprendieron de sus pro-

pios padres la estrategia de ser padres, que a su vez la aprendieron de los suyos, y estos de los suyos. La mayoría de padres sencillamente quieren lo que es mejor para sus hijos, y nosotros podemos avanzar mejor en la vida si recordamos eso.

¿Tiene alguna ventaja comprender que el déficit de amor por sí mismo es algo aprendido? Sí, una ventaja enorme. El primer paso hacia un nivel saludable de autoestima es darse cuenta de que es algo aprendido. Con toda naturalidad llegaremos a la conclusión de que no nacimos de esa manera. Si nos creemos indignos de sentir amor y ser felices, de tener dinero y unas relaciones fantásticas, de tener éxito o cualquier otra cosa que pueda ofrecernos la vida, eso confirma lo que acabamos de aprender. Y en esta certeza interior es donde radica la magia, porque si lo hemos aprendido, también lo podemos desaprender.

Sigue leyendo y descubre la manera de hacerlo.

Capítulo 3

Cómo usar tu cuerpo para cambiar tus sensaciones

«¡Nuestros cuerpos cambian nuestra mente!»
AMY CUDDY

De pequeño, en la escuela, recuerdo que me enseñaron una canción que luego supe que era de *El rey y yo*. Consistía en que creyeras que eras valiente aun cuando estuvieras asustado. ¡Finge hasta que lo consigas!

Cuando estamos contentos, se nos ve en la cara. También se percibe en nuestro lenguaje corporal: los hombros, nuestra manera de andar, de estar de pie o sentarnos, de respirar… Podemos decir lo mismo de cuando nos sentimos tristes o agobiados: la cara y el cuerpo lo reflejan.

Eso lo sabe mucha gente, pero lo que pocos saben es que también funciona al revés. Así como nuestra mente influye en nuestro cuerpo, el cuerpo también influye en la mente.

Gran parte de nuestros conocimientos sobre la materia se deben al estudio de los animales. Si un perro está nervioso, verás que baja la cola. Si la levanta, en realidad la confianza del perro aumenta.

Podemos utilizar conscientemente nuestro cuerpo para cambiar cómo nos sentimos con nosotros mismos. Según mi experiencia, es la manera más rápida de cambiar cómo nos sentimos en cualquier momento.

Si funciona es porque el cuerpo y la mente están interrelacionados. La mayoría cree que la emoción solo es un sentimiento, pero ¿sabías que en realidad se extiende por todo nuestro cuerpo?

Los cuatro componentes de la emoción

El diagrama muestra lo que llamo la emoción de los cuatro componentes (4CE).

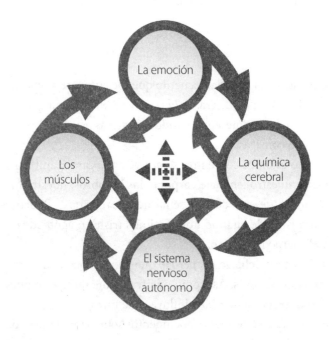

1) La emoción

El primer componente es… la emoción, por supuesto.

2) La química cerebral

Una emoción se conecta con la química cerebral de esa emoción. Eso significa básicamente que cuando nos sentimos felices nuestro cerebro produce serotonina, dopamina y a veces opiáceos endógenos, las versiones propias del cerebro de la morfina y la heroína. Son las sustancias químicas de la felicidad. Cuando nos sentimos felices, nuestra química es feliz.

3) El sistema nervioso autónomo

Nuestro sistema nervioso autónomo (SNA) también muestra la emoción. Esto significa básicamente que nuestra piel y nuestros órganos reaccionan a la emoción. Por eso nos sudan las palmas de las manos cuando nos ponemos nerviosos y nuestro corazón se acelera cuando vemos a alguien a quien amamos.

A veces utilizo un monitor cardíaco en mis talleres que muestra con rapidez y claridad que el ritmo del corazón reacciona a lo que la persona piensa o cree.

El hecho de que el SNA esté ligado a la emoción también explica por qué la presión mental y emocional están vinculadas a las enfermedades cardiovasculares y por qué el acto de demostrar hostilidad y mostrarse siempre agresivo es una de las maneras más rápidas de endurecer nuestras arterias.

4) Los músculos

La emoción también está conectada a nuestros músculos. Por ejemplo, no sonreímos cuando estamos felices porque creemos que debamos hacerlo; sonreímos porque es una acción refleja debida al hecho de que nuestras emociones se entremezclan con nuestros músculos faciales.

Es multidireccional

Todas las flechas, además, van en todas direcciones. Tienen múltiples direcciones. Así como las emociones afectan a los músculos faciales y al lenguaje corporal, los músculos faciales y el lenguaje corporal también influyen en la emoción.

La emoción no solo afecta al ritmo cardíaco, por ejemplo, sino que los cambios cardíacos afectan a la manera como nos sentimos. Un corazón acelerado puede hacernos sentir ansiedad, mientras que un corazón en calma puede hacernos sentir en paz. Es la estrategia que se encuentra tras los betabloqueadores (que regularizan el ritmo cardíaco). Entrenar nuestro sistema nervioso autónomo, por lo tanto, puede aumentar la emoción positiva.

Los cambios en la química cerebral también afectan a las emociones (y viceversa). De hecho, el modelo farmacéutico completo para la depresión utiliza esta simple observación. Si aumentas los niveles de serotonina tomando un antidepresivo, por ejemplo, eso hará que te sientas más contento. También puedes dar un subidón a una persona con una droga que altere su química cerebral.

A pesar de que este es el enfoque más común para tratar la depresión, tan solo es una parte de un enfoque más holístico. Hay muchas concepciones distintas que se plantean cómo aliviar la depresión. Algunas mantienen que las medicinas son la única manera; otras dicen que la nutrición es mejor. En realidad, ambas influyen en nuestra química cerebral y a su vez en nuestras emociones. Algunos dicen que la práctica regular de la meditación es lo mejor; otros afirman que lo mejor es soltar las emociones reprimidas, y finalmente hay quien dice que todo consiste en encontrar significado y propósito en la vida. Estos tres enfoques relajan el SNA, y eso tiene un efecto positivo en la emoción. En realidad son partes distintas del mismo fenómeno: la emoción se extiende literalmente por todo el cuerpo.

Podemos cambiar cómo nos sentimos 1) usando la mente; 2) mejorando nuestra nutrición o tomando medicinas que impacten en la química cerebral; 3) calmando nuestro sistema nervioso, o 4) moviendo el cuerpo de manera que refleje cómo queremos sentirnos. Todas las maneras funcionan. Pero la más rápida de todas para cambiar cómo nos sentimos en un momento dado, y la que genera de un modo más fácil cambios a largo término, es utilizar el cuerpo.

Si queremos sentirnos estresados, por ejemplo, lo lograremos con rapidez si movemos el cuerpo sin ton ni son y hablamos más rápido. Y podemos aumentar la velocidad si respiramos superficialmente.

¡Es una noticia fantástica! ¿Por qué? Demuestra que mover el cuerpo genera los sentimientos que queremos.

Por eso, si queremos sentirnos felices, podemos mover el cuerpo de un modo que diga «¡Me siento feliz!» Y hete aquí que nos sentiremos felices.

¿Es posible que sea tan fácil? Si lo fuera, todos haríamos lo mismo.

El problema es que casi nadie lo sabe. Todavía es una idea que no todos comparten. Si resulta que no estudias neurociencia ni lees los libros científicos de divulgación y de autoayuda que se están publicando, hay muchas probabilidades de que no hayas oído hablar de este asunto. Siempre me asombro cuando la gente pone los ojos como platos cada vez que planteo esta clase de temas ante un público de profesionales. Para ellos esa información les parece nueva.

Algunos terapeutas muy listos, sin embargo, sugieren que tienen pacientes que actúan «fingiendo que están bien hasta que consiguen estarlo». El «doctor de la risa» Cliff Kuhn es uno de

ellos. Anima a los pacientes que tienen depresión a reírse y sonreír. Y ha observado que «los que tienen la voluntad de practicar
experimentan una mejora de su estado de ánimo y una reducción
de síntomas de una manera casi instantánea».[1]

Y estas afirmaciones están basadas en investigaciones reales.
Partiendo sencillamente de los músculos faciales varios investigadores de la Universidad de Alaska, en Anchorage, pidieron a
unos voluntarios que observaran fotografías de personas que
sonreían o fruncían el ceño. A la mitad de los voluntarios se les
pidió que miraran las caras, pero a la otra mitad se les dijo que
imitaran la sonrisa, o bien el ceño fruncido. De una forma inmediata todos los voluntarios encajaron con esos estados de ánimo.
Los que imitaron la sonrisa disfrutaron de un estado de ánimo
más positivo. Los que imitaron el ceño fruncido no se sintieron
de tan buen humor. Los que se limitaron a mirar las caras no
sintieron nada. Y lo que resulta más interesante es que los resultados fueron más acusados cuando los voluntarios copiaron las
expresiones faciales mientras se miraban en un espejo.[2]

En estos ejemplos, fue el movimiento de los músculos de la
cara que el cerebro había relacionado con la felicidad lo que pro-
vocó unos sentimientos más positivos. Mover ciertas partes del
cuerpo causa lo mismo. Balancear los brazos con alegría mientras
caminamos eleva nuestro estado de ánimo, mientras que andar
encorvado y mirar al suelo lo empeora.

Si en el pasado intentaste sin éxito sentir más alegría o más
amor por ti mismo, quizá no lograste sincronizar tu cuerpo con
el propósito de tu mente. En el momento en que empieces a
usar tu cuerpo para generar felicidad, te darás cuenta de que
hasta entonces no habías estado haciendo movimientos felices
con tu cuerpo. De hecho, quizá te darás cuenta de que muchos
de los movimientos que haces (el modo en que permaneces de
pie y tu compostura durante la mayor parte del tiempo, o tu

manera de hablar) en realidad reflejan infelicidad o una baja autoestima.

Al principio, cuando empieces a prestar más atención a tu cuerpo, podrías darte cuenta de que tus músculos faciales o tu mandíbula están tensos, o quizá que levantas mucho los hombros. También puedes notar que te dedicas a respirar de un modo superficial. Todas estas enfermedades corporales muestran estrés, infelicidad o una baja autoestima, y por lo tanto contribuyen a generar sentimientos de estrés, infelicidad o baja autoestima.

Todo eso genera un efecto yoyó: mejoras cuando haces tus ejercicios mentales, pero luego vuelves a sentirte como antes.

Finge y lo lograrás: la postura del poder de Harvard

En *La expresión de las emociones*, Charles Darwin escribió: «Incluso la simulación de una emoción tiende a provocarla en nuestras mentes».

Sonreír es la esencia de uno de los componentes del yoga de la risa. Inténtalo. Inspira profundamente, esboza una sonrisa inmensa, exhala y ríete por lo bajo. Rebajarás la presión arterial (SNA) y generarás serotonina, dopamina y endorfinas (química de la felicidad) en el cerebro. Además, te hará sentir mejor. Básicamente, un rostro alegre produce una química feliz.

Utilizar los músculos faciales para influir en la emoción se conoce con el nombre de hipótesis de la retroalimentación facial. El primero en plantearla fue William James hará unos cien años. Según esta hipótesis, los músculos faciales en realidad retroalimentan el cerebro y provocan el estado emocional que va asociado al de los movimientos musculares.

En la década de 1990, el psicólogo Paul Eckman demostró que

sonreír o hacer muecas producía cambios en el SNA. Cuando pidió a los voluntarios que sonrieran o hicieran muecas, registró cambios en la velocidad cardíaca y en la conductancia de la piel. Cuando sonreían, la velocidad cardíaca y la conductancia de la piel disminuían.[3]

El fenómeno es especialmente relevante en el amor que sentimos por nosotros mismos. Cuando sientes que no eres lo bastante bueno, el sentimiento se extiende por todo tu cuerpo. Se encuentra en tu química cerebral, tu sistema nervioso autónomo y tus músculos. ¿Y si fingieras que eres lo bastante bueno? ¿Y si llevaras inscrito por todo el cuerpo que eres lo bastante bueno?

En realidad, puede hacer que cambies tu manera de sentirte con mucha rapidez. En algunos experimentos que he realizado en mis talleres, la gente percibía una diferencia real en tan solo unos pocos minutos.

A los participantes se les pide que adopten el lenguaje corporal del *no* soy lo bastante bueno. La mayoría inclina la cabeza hacia delante y mira al suelo adoptando una expresión seria o triste. Algunos arrastran los pies o dan pasitos que resultan muy mecánicos, como si tuvieran que concentrarse en la manera de andar. Casi siempre tensan el tronco. Tras hacer este ejercicio durante un par de minutos, casi todos explican que se sintieron menos positivos que antes de empezar el ejercicio. Un hombre hizo un comentario jocoso diciendo que se sentía «un completo desgraciado».

Luego cambiaron rápidamente el lenguaje corporal para decir «Soy lo bastante bueno». Los cambios de postura fueron inmediatos y muy significativos. Algunos parecían haber crecido unos diez centímetros y se pusieron tiesos, alargando el espinazo. Sus movimientos eran más fluidos y relajados. Sus rostros se mostraban distendidos y serenos, y esbozaban una expresión feliz. Las cabezas reposaban sobre los hombros sin esfuerzo, y los ojos miraban al frente.

A pesar de todos estos cambios obvios, lo que más notaron los participantes fue un cambio en su estado emocional. La mayoría se sintió mucho más positiva y relajada en menos de 20 segundos. Muchos explicaron que se sintieron confiados y seguros de sí mismos. Algunos se dieron cuenta, sobrecogidos, de que, en primer lugar, «No soy lo bastante bueno» era en realidad su manera de presentarse, y en segundo lugar, fueron conscientes de que contaban con una herramienta que podía cambiar eso con mucha rapidez.

Investigaciones recientes, y muy prometedoras por otro lado, contribuyen a esclarecer las razones de su funcionamiento. Por medio de una comparativa entre cómo se comportan los humanos y los primates, la catedrática de Harvard Amy Cuddy observó que, cuando los humanos o los primates se sienten poderosos, consiguen que su cuerpo parezca que ha crecido. Un primate levanta los brazos por encima de su cabeza, por ejemplo. Y efectivamente su tamaño aumenta y ocupa un mayor espacio.

Cuando las personas se sienten nerviosas, por ejemplo, antes de hacer una presentación o ser entrevistados para un empleo, ¿te has dado cuenta de que muchos se encogen en la silla, curvan la columna vertebral o doblan los brazos inclinando hacia delante los hombros? En la actualidad, también caminan encogidos cuando hablan por teléfono. De hecho, se vuelven más pequeños.

Cuddy argumentaba que, si las personas se hicieran más grandes adoptando una postura «de gran poder» y confianza, eso influiría en su estado de ánimo. Y escribió lo siguiente:

«En los primates humanos y no humanos, las posturas expansivas y abiertas reflejan un gran poder, mientras que las posturas contraídas y cerradas reflejan poco poder. Y no solo reflejan poder estas posturas, sino que también lo generan».[4]

La clave está en la última línea, que repetiré:

Y no solo reflejan poder estas posturas, sino que también lo generan.

La catedrática Cuddy invitó a los participantes a adoptar «una postura de poder» durante dos minutos y midió los niveles de cortisol y testosterona en su saliva antes y después.

Al cabo de tan solo un par de minutos, las muestras de saliva mostraron que los que habían adoptado la postura de poder mostraban una disminución del 25% de cortisol (es decir, menos estrés) y un 20% de aumento de la testosterona (es decir, una mayor confianza). En las personas que adoptaron una postura de debilidad, por ejemplo, posturas en las que el cuerpo parecía más pequeño y débil, su química fue en la dirección contraria: tenían un incremento del 15% en cortisol (más estrés) y un 10% de disminución en la testosterona (es decir, menos confianza).[5]

El efecto de red fue:

La postura de poder genera confianza.
La postura de debilidad genera miedo.

El experimento demostró que la postura del cuerpo afectaba directamente a su química.

También afectaba a cómo se sentían los participantes, y ahora entenderás la razón: la postura corporal y la química afectan a la emoción. Los participantes que adoptaron las posturas de poder también dijeron que se sentían poderosos y «responsables». Cuando Cuddy y sus colegas los invitaron a participar en un juego que comportaba un cierto riesgo, descubrieron que se sentían más confiados y menos asustados de asumir ese riesgo que las personas que habían adoptado posturas de debilidad.

Los participantes recibieron dos dólares cada uno y se les animó a que echaran un dado con la probabilidad del 50% de doblar el dinero o perderlo. Un 86% de los que habían adoptado una postura de poder aceptaron el riesgo, mientras que solo el 60% de los que imitaron la de debilidad lo hicieron.[6] No solo esa postura de poder, fingida durante un par de minutos, aumentó la química de la confianza, sino que también se tradujo en su comportamiento. Y recuerda, ¡eso surgió sencillamente por ser consciente de su lenguaje corporal durante un par de minutos!

Si quieres saber cómo adoptar una postura de poder, piensa en la Mujer Maravilla (o mírala): porte derecho, espinazo erguido, cabeza y ojos al frente, las piernas abiertas a la altura de los hombros, los hombros hacia atrás y las manos en las caderas. También es una manera de decir: «¡Soy lo bastante buena!»

Nuestra manera de funcionar es la consecuencia de cómo movemos nuestro cuerpo. ¡Y eso es un hecho!

Cuddy profundizó en la investigación, y en un experimento aislado determinó el modo en que las posturas de poder influyen en los voluntarios que van a presentar una ponencia, situación que suele poner nerviosas a muchas personas.[7] ¿Adoptar una postura de poder durante un par de minutos podría influir en nuestra manera de funcionar en el mundo real?

La mitad de voluntarios adoptó una postura de poder durante un par de minutos antes de presentar una breve ponencia, mientras que la otra mitad adoptó una postura de debilidad, la que en realidad adopta la mayoría antes de una ponencia, y que delata el hecho de que uno está nervioso o ha perdido la confianza. La pose de debilidad es la que contrae el cuerpo de alguna forma: los brazos doblados, los hombros bajos, el cuerpo inclinado hacia delante, etcétera.

Un jurado valoraba sus ponencias y también la fluidez del habla, el tono de la voz, las dudas, las pausas, los errores, etcétera. El jurado desconocía la postura que cada persona había adoptado, pero valoró las ponencias de los que habían adoptado una postura de poder como de mayor calidad que las ponencias de los que adoptaron una postura de debilidad. Los que adoptaron una postura de poder se comunicaron con mayor fluidez y no recurrieron tanto a las notas. Los que adoptaron posturas de mayor debilidad transmitieron mucha menos confianza; tartamudearon más y echaron mano de sus notas.

A los jueces se les preguntó a quién emplearían si la ponencia hubiera formado parte de una entrevista de trabajo. Sus elecciones se decantaron por aquellos que habían adoptado una postura de poder.

En algunas de mis charlas y talleres sobre el amor a uno mismo, me gusta que el público adopte una postura de poder durante un par de minutos. Y lo cronometro. Es sorprendente cuánto parecen durar dos minutos cuando estás de pie en una sala en silencio llena de personas que adoptan una postura de poder. En realidad es muy divertido y genera ataques de risa.

¡Piensa en lo distintas que podrían ser tus interacciones diarias si practicaras una postura de poder!

Unas semanas después de haber enseñado las posturas de poder durante una charla que di en un congreso, recibí un correo electrónico que decía:

«Acudí a una primera entrevista de trabajo unos días después de haber asistido al curso de "Ámate a ti mismo", y quería escribirle para darle las gracias por las posturas de poder […]. Estuve como un imbécil practicando de pie, junto al coche, en Coventry

Arena. Tan imbécil me sentí que durante la segunda entrevista opté por visualizar la situación mentalmente, y obtuve los mismos resultados. Conseguí el trabajo».

Estudios recientes corroboran que la postura corporal influye en nuestra manera de sentirnos. En un estudio de 2014 realizado por unos científicos de la Universidad de Auckland, en Nueva Zelanda, se pidió a 74 participantes que se sentaran derechos o adoptaran una postura encorvada. Incluso se fijaron cinta adhesiva de fisioterapia a la espalda para asegurarse de no alterar su postura. Luego les dieron una tarea estresante, que consistía en decir a un jurado por qué eran los mejores candidatos para un trabajo de ensueño ficticio, y les dieron solo cinco minutos para prepararse. Los que se sentaban derechos sintieron una mayor autoestima que los que se encorvaron. También acusaron un estado de ánimo más positivo y tuvieron menos miedo. Los científicos incluso destacaron que utilizaban palabras más positivas que los que se sentaban encorvados. Y que además eran más eficaces.[8]

Actúa como si fueras lo bastante bueno y conecta tus redes neuronales

Nuestros músculos, nuestra postura, el lenguaje corporal, el ritmo cardíaco y muchos otros parámetros psicológicos no solo afectan a nuestra química física, sino que también influyen en nuestras redes neuronales. Es más, si se dan cambios importantes en cualquiera de ellos, también cambian nuestras redes neuronales. Por ejemplo, la gente que medita regularmente tiende a tener más conexiones en la parte frontal del cerebro, sobre los ojos, una zona conocida como el córtex prefrontal, que se vuelve más espeso y denso en cuanto a conexiones en función de la práctica de la meditación.

Muchos de nosotros nunca cambiamos la posición de nuestro cuerpo a menos que tengamos una herida y nos haya enseñado un fisioterapeuta, un osteópata o un quiropráctico a permanecer de pie o a caminar de una manera distinta. Nuestras redes neuronales no cambian tanto. Pero si adoptamos una postura distinta o caminamos de otra manera, por ejemplo, pasando del «No soy lo bastante bueno» al «Soy lo bastante bueno», nuestras redes neuronales cambiarían para reflejarlo.

¿Por qué es importante cambiar las redes neuronales? Porque cuando la conexión del cerebro cambia, no tenemos que pensar en nada más. Todo se vuelve automático. En ese caso, *ser lo bastante bueno* se convierte en nuestro estado natural.

Y eso sucede porque el cerebro es muy neuroplástico. Eso significa que cambia continuamente según nos movamos, lo que aprendamos e incluso cómo pensemos. ¿Recuerdas que los córtex prefrontales eran más desarrollados y eso era el resultado de la práctica de la meditación? La práctica es la clave. El cerebro no cambia por sí solo: es lo que hacemos lo que cambia nuestro cerebro.

Por consiguiente, mientras aprendemos a mantener una postura, caminar y comportarnos de una manera que diga «Yo soy lo bastante bueno», el circuito que conecta nuestro cerebro empezará a cambiar. Y antes de que nos demos cuenta, las conexiones del «Soy lo bastante bueno» arraigarán en nosotros, y lo que empezó como una práctica para que nuestro cuerpo recordara mantener la postura y moverse de una determinada manera se convertirá en un hábito. Y eso lo haremos sin esfuerzo, porque nuestro cerebro ha cambiado. A medida que conservemos esta nueva costumbre sin esforzarnos, las conexiones del «No soy lo bastante bueno» empezarán a desconectarse y a desaparecer.

Manteniendo sencillamente el cuerpo en una determinada postura, en realidad podemos conectar un estado neurológico y un sentimiento emocional en nuestro cerebro y en nuestro cuerpo.

EL GIMNASIO DEL AMOR POR UNO MISMO:
La postura del «Soy lo bastante bueno»

Muy bien, ahora quiero que practiques. Los cambios neuronales se producen por una práctica firme, no por el hecho de intentarlo una sola vez y pensar «Ah, vale, ahora ya sé hacerlo», y luego no hacer nada más al respecto (que es lo que la mayoría hace).

♦ Practica con tu postura, tu respiración y tus expresiones faciales hasta que comprendas lo que significa «Soy lo bastante bueno». A lo mejor solo tienes que adoptar la postura de la Mujer Maravillas. O quizá solo se trate de mantener una postura relajada con la columna derecha, los hombros distendidos y las manos a ambos lados. Encuentra la postura que más se adapte a ti.

♦ Por otro lado, juega con tu manera de hablar. Deja que el «Soy lo bastante bueno» se refleje en tu tono de voz y en la velocidad y el control de tu discurso.

♦ Compruébalo caminando también. Una buena manera es adoptar una afirmación que te dé poder, y apropiarte de ella, literalmente. Por ejemplo, la primera vez que hice eso fue tras una situación que viví con una persona agresiva. La afirmación que creé fue «Hoy me amo más que nunca. Solo me relaciono con la gente de manera positiva y me comporto con confianza y orgullo». Adopté esa afirmación con todo el cuerpo mientras caminaba. Dejé que se expandiera por mi cara, mis hombros y mi respiración. Tuvo un poderoso efecto en mí, ¡y todo sucedió muy deprisa! Una afirmación se vuelve mucho más fuerte cuando tu postura contribuye a programar su significado en tu cerebro.

Cuando ya has elegido tu postura corporal, lo que tienes que hacer a continuación es lo siguiente:

◆ Presta atención a tu lenguaje corporal durante los próximos días y practica cómo te sientes cuando cambia tu cuerpo: cómo caminas, estás de pie, te sientas, respiras; lo que haces con tu cabeza, los hombros, el pecho, etcétera. Cuanto más lo intentes, más fácil será y más rápido funcionará.

◆ Practica tu postura «Soy lo bastante bueno» tanto como puedas.

◆ Elige una situación en concreto en la que puedas mostrar una baja autoestima. Por ejemplo, ¿te sientes cohibido en algunas situaciones sociales o profesionales? ¿Actúas de manera sumisa junto a determinadas personas y cedes tu poder? Sea cual sea tu situación, adopta la postura «Soy lo bastante bueno» antes de meterte en ella y luego adóptala caminando y hablando en modo «Soy lo bastante bueno». Advierte cómo te sientes. Toma nota de las diferencias que observes respecto al resultado habitual.

◆ Cada vez que sientas que no eres lo suficientemente bueno, adopta tu postura «Soy lo bastante bueno». Cuanto más la practiques, mejor lo harás. Y eso es porque cada vez conectas más profundamente la actitud «Soy lo bastante bueno» en tus redes neuronales.

Ama tu *selfie*

Hacerse *selfies* (una foto de ti mismo que te haces con el teléfono móvil) es la locura hoy en día. Yo mismo me he hecho varias. Es divertido. Cada vez esbozo una gran sonrisa. Y siempre parece que me lo esté pasando en grande. Cuando nos sacamos *selfies* todos adoptamos una sonrisa o un gesto automáticos que dan la impresión de que nos lo estamos pasando bomba. Pero ¿es así en realidad?

Como bien sabes, soy un ferviente creyente del «fíngelo hasta que lo consigas», pero ese fingir se ha de hacer con intención, adoptarlo con la conciencia de que fingir con intención en realidad puede aportarte los sentimientos que deseas.

No pasa nada si hoy tienes un mal día y no estás bajo presión para adoptar tu postura «Soy lo bastante bueno». Da igual que te sientas un poco triste. A veces es necesario y puede llevarte a ciertas reflexiones sobre cosas que te están causando dolor en la vida. A veces, puede llevarte a nutrirte. No pasa nada por ser como eres, por sentirte como te sientes. De eso trata en parte el amarse a uno mismo. Y si eso significa ser feliz, sé feliz. Si significa estar triste, que así sea.

¡Ama tu *selfie* en cualquier caso!

En resumen, la mayoría comprendemos que nuestras emociones influyen en nuestro cuerpo; cuando nos sentimos tensos emocionalmente, nuestro cuerpo también se tensa. Cuando nos sentimos felices, nuestra cara se relaja, sonreímos y nuestra respiración es más fluida.

Pero al revés también funciona. Tensar el cuerpo puede hacernos sentir emocionalmente tensos, mientras que relajar el rostro, sonreír y respirar con fluidez puede hacernos sentir más felices. Investigaciones llevadas a cabo en la Universidad de Harvard han demostrado que adoptando una postura corporal intencionada durante solo dos minutos puede afectar a la química corporal y a nuestros sentimientos de confianza.

Por lo tanto, si una baja autoestima es lo que refleja tu cuerpo, quizás encorvándote, mirando al suelo o tensando los hombros, puedes cultivar sentimientos más sanos de autoestima por medio de una postura y unos movimientos que reflejen poder. Funciona en el acto.

Capítulo 4

La visualización

«Mira las cosas como querrías que
fueran, en lugar de como son.»
ROBERT COLLIER

Cuando *Oscar* tenía siete meses, saltó encima de un hombre
que pasaba frente a nuestra casa y le ensució el traje gris claro que
llevaba puesto.

El suelo estaba mojado, *Oscar* había estado intentando arran-
car unas malas hierbas del jardín y yo había apartado los ojos de
él durante unos segundos. Es un labrador, y si conoces un poco a
los perros, sabrás que los labradores son el mejor amigo del hombre. O al menos eso es lo que piensan ellos. Así que *Oscar* dijo
«hola» a su manera habitual: con las patas encima de las costillas
de aquel desconocido, los ojos juguetones, la boca medio abierta
y la lengua colgando.

Aquel hombre no se lo tomó bien. Y se puso a gritarme enco-
lerizado.

Como todavía me encontraba en los primeros días de mi proyecto de amarme a mí mismo, no encajé muy bien la situación.
En ese momento no me comporté como un adulto (tenía cuarenta y dos años en esa época), sino como un niño de seis años al que
el maestro le echa una reprimenda.

¿No sería fabuloso que nos dieran una segunda oportunidad cuando no hacemos bien las cosas? Qué fantástico sería si pudiera decirle a ese hombre: «¡Gracias! ¿Podríamos volver a hacerlo?... Creo que no supe defenderme muy bien ese día, y si pudiéramos volver atrás, le diría a *Oscar* que volviera a saltarle encima para que usted me echara una bronca como la otra vez y yo pudiera comprobar si soy capaz de actuar como un hombre. Muchas gracias».

Imaginemos que él dijera que sí, que podíamos volver a intentarlo. Yo mejoraría un poco mi actuación, le preguntaría si podíamos volver a intentarlo de nuevo, él me diría que sí y volveríamos a repetir... Terminaríamos haciéndolo diez veces para asegurarnos, y luego nos estrecharíamos la mano. *Oscar* saltaría sobre el hombre para despedirse de él, él y yo intercambiaríamos una sonrisa tímida y seguiríamos nuestro camino; *Oscar* y yo nos iríamos al parque y el hombre a la tintorería.

¿No sería fantástico que la vida fuera así? De alguna manera es posible. Al menos en nuestras mentes. Y lo bueno de eso es que el cerebro no puede adivinar si eso está sucediendo en realidad o nos lo estamos imaginando.

Lo digo de verdad, el cerebro no distingue lo real de lo imaginario. Podemos volver a revivir una situación una y otra vez de una manera distinta con la mente y eso se convertirá en algo real, al menos para las conexiones de nuestro cerebro. Y esa es la clave.

Por eso si nos imaginamos que actuamos como «Soy lo bastante bueno», nuestras redes neuronales cambiarán para reflejar que lo *soy*.

Las tres reglas de la práctica mental

Hay tres cosas importantes que debemos recordar cuando utilicemos esta técnica: ¡repetición, repetición y más repetición!

Es decir, que solo hay que recordar una cosa: tienes que hacerlo una y otra vez.

En realidad, es muy parecido a ir al gimnasio para ponerte en forma, hacer ejercicios cardiovasculares o hacer músculo. ¡Nadie se ha convertido jamás en un campeón olímpico porque haya ido al gimnasio una sola vez!

Me he dado cuenta de que, cuando la gente se compromete a trabajar para ayudarse a sí misma, está buscando la varita mágica, la idea genial que sin esfuerzo le cambie la vida para siempre. Pero la idea genial es que el cambio exige repetición. ¡El cambio se produce cuando ponemos las ideas al servicio de la práctica y lo hacemos de una manera firme! En eso es en lo que falla mucha gente. Es la consistencia lo que conecta nuestras redes neuronales.

En lo fundamental, la práctica sistemática (físicamente o en nuestra imaginación) puede conectar las redes del «Soy lo bastante bueno». Y cuando las redes se hayan construido, nuestra manera de pensar y de actuar guiados por el «Soy lo bastante bueno» se volverá automática. Nuestro cerebro está en un estado constante de flujo, y reacciona puntualmente a nuestros pensamientos y movimientos y a lo que aprendemos y experimentamos en la vida.

Neuroplasticidad

La mayoría de las personas, profesionales y académicos incluidos, asumen que el cerebro está preprogramado. Esta actitud popular explica que secundemos la idea de que el cambio es difícil.

Cuando estudiaba en la universidad a finales de la década de 1980 y principios de la de 1990, aprendí que en la infancia el cerebro es como una masa pastelera. Fácil de modelar. Impresionable. Pero que, al llegar al final de la adolescencia, la masa entraba en el horno y salía con una costra encima. Todo estaba ya fijado. De por vida. No podías cambiarlo. Eras de la manera que eras.

El concepto de preprogramación, en realidad, se abandonó hace casi veinte años, aunque todavía hay mucha gente que sigue creyendo en eso. Y esa creencia hace que el cambio sea muy difícil de provocar. Pero la realidad es que nuestro cerebro está en constante cambio, y seguirá cambiando hasta nuestro último suspiro, aunque vivamos cien años. A eso se le llama neuroplasticidad o plasticidad del cerebro.

Numerosos estudios demuestran que una persona puede imaginarse haciendo algo en concreto y su cerebro reaccionará como si en realidad eso estuviera ocurriendo. En 2014, la búsqueda en la base de datos científicos PubMed del término «práctica mental» reveló 30.000 incidencias.[1] Podrías imaginarte haciendo un *swing* en un campo de golf, sirviendo en un partido de tenis, tocando el piano, escribiendo al ordenador, tirándote a una piscina, encestando al baloncesto, levantando pesas, chutando una pelota o incluso moviendo un miembro paralizado tras un accidente cerebrovascular, y tu cerebro lo procesaría como si en realidad lo estuvieras haciendo.

En mi libro *How Your Mind Can Heal Your Body* [Cómo tu mente puede sanar tu cuerpo], cité una investigación en la que los cerebros de varias personas que tocaban una secuencia de notas de piano se compararon con los cerebros de otras que tan solo lo imaginaban. Tras cinco días de práctica constante, los cerebros alcanzaron los mismos niveles de cambio, y el área conectada a los músculos de los dedos creció, gracias a la neuroplasticidad, unas treinta o cuarenta veces más. Comparando los escáneres de los cerebros, era imposible decir quién había tocado las notas y quién se lo había imaginado.[2]

Esos resultados no fueron una excepción. En cada uno de los estudios sobre neuroplasticidad que comparan la práctica física con la práctica imaginada, los resultados son los mismos: el cerebro cambia con independencia de que una persona esté haciendo algo o imaginándoselo. Como ya hemos dicho, el cerebro no distingue entre la realidad y la ficción.

Sin embargo, también es importante que sigas haciendo el trabajo para retener los cambios neuronales. Los estudios demuestran que si dejas de hacer un ejercicio concreto o imaginado, las zonas del cerebro que han crecido sencillamente vuelven a encogerse, tal como se atrofian los músculos cuando dejas de usarlos. Los neurocientíficos se refieren al fenómeno como «úsalo o lo perderás».

¿Se te ha olvidado alguna vez cómo hacías algo? ¿Por ejemplo, las divisiones largas que aprendiste en la escuela? Olvidaste cómo hacerlo porque dejaste de practicar. Las redes neuronales que construiste mientras lo aprendías en la escuela sencillamente volvieron a encogerse, o bien se desconectaron.

A través de exactamente el mismo proceso, en realidad puedes olvidar cómo seguir teniendo una autoestima baja. Quizás ahora te parezca imposible, pero en lo que respecta a tu cerebro, solo necesitas dejar de practicar la baja autoestima y centrarte en aplicar de manera sistemática los principios y ejercicios de este libro. Mientras tanto, las antiguas conexiones sencillamente se disolverán y la sensación de una baja autoestima dejará de poseerte. En esencia, olvidarás cómo amarte poco a ti mismo.

¿Dudas de que pueda ser algo tan sencillo? ¿Por qué no lo intentas y lo compruebas por ti mismo?

Cómo ser un campeón olímpico de amarse a sí mismo

La imaginación puede ser muy poderosa. Los atletas de elite han aprendido a valorar que la «práctica mental» puede potenciar sus resultados. En el pasado fui *coach* de deportes y director de equipo de uno de los clubs de atletismo más grandes de Gran Bretaña. Cuando te encuentras en ese campo, descubres que los atletas de elite llevan a cabo una gran práctica mental.

No hace mucho di una charla en una empresa tras haberlo hecho Sally Gunnell, que ganó la medalla de oro olímpico en los 400 metros vallas en los Juegos Olímpicos de Barcelona, en 1992. Gunnell explicó que el 70% del mérito de haber ganado ese oro había sido mental. Tras perder la medalla de oro del campeonato del mundo, en 1991, contrató los servicios de un psicólogo especializado en deportes. Y se puso a visualizar cada día. Hizo muchísimas visualizaciones. Practicó mentalmente las carreras y los saltos de obstáculos.

Y lo más importante fue que practicó mucho cómo serían sus reacciones cuando las cosas no salieran como había planeado, cuando alguien la adelantara, por ejemplo, o cuando le asaltara el pensamiento de que no ganaría, o cuando se sintiera cansada. Son estas cosas lo que la gente olvida en la visualización, pero son tan importantes como verte a ti mismo en tus mejores condiciones.

Utilizar la visualización para mejorar tu rumbo de vida es exactamente lo mismo que utilizarla para mejorar la práctica deportiva. Puedes utilizarla para convertirte en el campeón olímpico de la valía propia. Yo mismo tuve que recurrir a esa práctica hace varios años, cuando me encontraba en una situación difícil.

¡Que se j... los decimales!

Es lo primero que me dijeron el día que empecé mi primera clase como profesor de matemáticas.

Mientras escribía mi primer libro, acepté dos trabajos en el mundo de la química. Uno fue en la Universidad de Glasgow, en el Departamento de Educación Continua para Adultos, y el otro en la Escuela Universitaria James Watt de Educación Superior. Al cabo de unos meses de estar trabajando en esta escuela, me pidieron que diera una clase de matemáticas básica en un centro de formación externo a la universidad, una iniciativa regional para proporcionar estudios y herramientas a chicos de entornos problemáticos.

Llegué al centro y entré en clase. El ruido era ensordecedor. En el aula había chicos de dieciséis años que habían sido expulsados de otras escuelas, unos andaban siempre metidos en problemas con la policía y la mayoría no tenía ningún deseo de aprender matemáticas.

Intenté presentarme, pero mis palabras apenas fueron audibles entre tanto griterío. Di unas cuantas palmadas para llamar la atención. Un par de chicos me miraron brindándome un atisbo de esperanza. No se me ocurrió nada más que empezar la clase. Y eso fue lo que hice. Mis primeras palabras fueron: «Esta tarde daremos los decimales». Y fue entonces cuando me dijeron dónde podía meterme esos decimales, consejo que me dio con toda calma un chico con aire amenazador que se sentaba en primera fila.

¡Dicen que el miedo se huele!

La siguiente hora fue un desastre. Yo tartamudeaba y balbuceaba, me disculpaba cuando alguien no me entendía, y solo di un 5 por ciento de lo que tenía pensado dar.

Quise salir corriendo de clase. Al final, es lo que hice más o menos. Terminé la clase cuarenta y cinco minutos antes y les dije a los chicos que, como lo habían hecho tan bien en su primera clase, les iba a dar tiempo libre…

Entré en el coche, salí de la ciudad, busqué un lugar tranquilo, me detuve en la cuneta y me eché a llorar.

Me aterrorizaba la idea de volver a clase la semana siguiente. Al día siguiente fui directamente a ver a Fiona, la jefa de departamento, para decirle que no volvería a dar esa clase. Y si eso le representaba un problema, renunciaría a mi puesto como profesor lector.

Fiona no había ido a trabajar ese día. Y le expliqué lo que me había sucedido a un colega, Ian Anton, que se echó a reír. «¡A todos nos ha tocado una clase así!», me explicó.

No di mi brazo a torcer, y le respondí que él nunca había vivido nada así.

Ian me contestó que todos los maestros de escuela del mundo han tenido una clase como esa.

Si ser profesor consistía en eso, no aguantaría en la profesión durante mucho tiempo. Yo quería un puesto de trabajo más tranquilo.

Ian me dijo que podía dejar la clase si lo deseaba, pero me retó a que utilizara mis propias enseñanzas para superar esos tiempos de dificultad. Sabía que estaba escribiendo un libro de autoayuda, y hete aquí que era yo quien necesitaba esa ayuda. ¡Menuda ironía! Como Fiona regresaría el lunes, me sugirió que pasara el fin de semana trabajando en mi propio crecimiento y que luego comprobara qué sentía cuando estaba en clase. Si todavía me sentía igual, Fiona podría encontrar un sustituto. Pero si había cambiado de opinión, como profesor me iría muy bien seguir con la clase.

Pasé mucho tiempo visualizando ese fin de semana. Me vi de pie, paseando por la clase con confianza. Me imaginé hablando con confianza, pronunciando las palabras despacio, bien medidas, claras y moduladas con facilidad. También lo puse en práctica. Adopté posturas de poder y caminé con poderío por mi dormitorio, fingiendo que era un profesor que estaba enseñando decimales, ratios y proporciones con una gran claridad y confianza.

El lunes me sentía mucho más confiado. Todavía tenía miedo, pero me sentía con más confianza. Y me había entrado en la cabeza algo que Ian había dicho: a la larga iría muy bien para mi crecimiento si lo superaba hasta el final. Convertiría todo eso en una lección de autoayuda para mí mismo. Y de alguna manera eso hizo que me resultara más fácil enfrentarme a ello.

Cuando llegué a la clase el martes, había hecho tantas visualizaciones, adoptado tantas posturas de poder, caminando y hablando con poderío, que automáticamente me moví de esa manera. Seguía habiendo mucho ruido y los muchachos se portaban mal, pero lo manejé mejor. Me fue muy bien que la clase se hubiera reducido de tamaño y que de veinte alumnos hubiéramos pasado a ser doce. La mayoría de alumnos habían sido expulsados por muy distintas razones.

No recuerdo muy bien cómo fueron las cosas, pero uno de los chicos me preguntó algo sobre mi vida. Les dije que tenía un doctorado en química y que antes había trabajado como científico investigando para el desarrollo de la industria farmacéutica. Les di una charla de cinco minutos sobre las medicinas auténticas, las drogas del campo de la medicina. Les expliqué que de las raíces y las hojas que se obtienen en los bosques pluviales podía ayudarse a las personas que tenían cáncer y que de ellas se extraían los productos químicos para enviarlos a químicos como yo, que entonces preparábamos varias versiones de la mezcla, combinando unos cuantos átomos entre sí para ver si alguno de ellos funcionaba mejor que la raíz o la hoja por sí solas. Les puse en la pizarra unos cuantos ejemplos de cómo y por qué las alterábamos, y les expliqué que al final una de esas alteraciones terminaba por convertirse en la píldora blanca que te recetaba el médico.

Se quedaron asombrados. Uno de ellos me preguntó si sabía algo de los viajes a través del espacio. Su padre le había dicho que llegaría un día en que lo de *Star Trek* sería real. Y le expliqué que la «tecnología de distorsión» en realidad consistía en atraer dos fragmentos del espacio y juntarlos para que la distancia no fuera de un trillón de kilómetros, sino de tan solo unos cuantos metros. Tomé una hoja de papel, la perforé con un bolígrafo en dos puntos y junté esa hoja hasta que el bolígrafo hizo de puente. Les dije que eso tenía el nombre de puente de Einstein-Rosen, por los dos catedráticos que lo descubrieron.

Me quedé de piedra al ver su fascinación. «Esto es la hostia», dijo un chico entusiasmado. Querían más. E hice un trato con ellos: yo les daría veinte minutos de esa «hostia» cada día si ellos me prestaban atención durante el resto de la clase.

Así transcurrieron diez semanas. Además de los decimales, las ratios y las proporciones, dimos química orgánica, física cuántica, neurociencia, el efecto placebo y muchos otros temas. Incluso dedicamos una sesión a los alienígenas.

Funcionó. Al final del curso todos los alumnos de la clase sacaron sobresaliente. Recuerdo con cariño haber devuelto un examen corregido a un muchacho de aire rudo y voz gutural y ronca. Cuando vio el sobresaliente en rojo en la primera hoja, susurró: «Se ha equivocado de examen». Sencillamente había dado por supuesto que era imposible que él sacara un sobresaliente. Creía que no era lo bastante bueno.

Le aseguré que era su examen, y que debería estar orgulloso de sí mismo. Había conseguido sacar un sobresaliente. Y se le llenaron los ojos de lágrimas. Apartó la mirada, avergonzado.

Fui hasta él, le di una palmada en el hombro y le dije: ¡Muy bien hecho, chico!» Espero que eso le ayudara a sentir que era lo bastante bueno.

El año pasado precisamente me enteré de que uno de estos chicos había entrado en la universidad y se había licenciado con matrícula de honor en ingeniería.

La magia ocurre cuando nos enfrentamos a nuestras dificultades, en lugar de intentar evitarlas. Visualizar y adoptar posturas de poder me ayudó a enfrentarme a ese desafío. Ambas cosas reconectaron bastante mi cerebro durante la semana en que di la segunda clase. Y seguí practicando durante unas cuantas semanas más. Eso me demostró sin ningún género de dudas que al cambiar nuestro cerebro, y la manera en que reaccionamos a los acontecimientos de la vida, descubrimos que se abren nuevas posibilidades que antes sencillamente no existían para nosotros.

 EL GIMNASIO DEL AMOR POR UNO MISMO:
Cómo ser un campeón olímpico de amarse a sí mismo

♦ Piensa en una situación en la que tengas una baja autoestima. Podría ser un trabajo, cuando estás en casa, una situación social o hablando por teléfono. Quizás estén abusando o aprovechándose de ti. Quizás estás entregando tu poder. Podrías imaginar distintas escenas…

♦ Ahora imagínate en la misma situación, pero en un estado de «Soy lo bastante bueno». Imagínate en qué posición estarías. ¿Cómo te moverías? ¿Tendrías la columna recta? ¿Y los hombros? ¿Cómo respirarías? ¿Qué dirías? ¿Cómo lo dirías? ¿Cuál sería el tono de tus palabras? ¿Hablarías rápido o despacio?

♦ Representa esta escena mentalmente de cinco a diez veces mientras reconectas «Soy lo bastante bueno» en tu cerebro. Empieza recordándote que no estabas en la etapa de ser lo bastante bueno, pero tras visualizar la situación tres o cuatro veces, imagina tu comportamiento desde el espacio «Soy lo bastante bueno».

♦ Repite este proceso de manera sistemática; diariamente o bien varias veces a la semana, hasta que en realidad compruebes que eres lo bastante bueno en esta situación.

Reflexiones para estar conectado

Cuando hablo de conectar las redes neuronales, a veces hay quien me comenta que sin duda hay personas que pueden tener un momento de intuición y saber que son lo bastante buenas, así como alguien puede tener un momento de intuición que lo ilumine.

¡Y es cierto! Y con esa reflexión advienen cambios en la química cerebral que apoyan ese nuevo mapa mental. Con el tiempo, si se piensa y se siente con firmeza de esta manera, las redes neuronales se construyen y conectan con ese conocimiento, y cuando las redes neuronales ya están trazadas, hay pocas probabilidades de que vuelvas alguna vez a la etapa de no amarte lo suficiente. En última instancia, solo es necesario un pensamiento.

Si esa intuición todavía no la has sentido, no desesperes. Sigue conectándote con el «Soy lo bastante bueno» y lograrás que se te pegue. ¡La repetición! Repetición y más repetición…

En resumen, el cerebro no distingue entre lo que es real y lo que es imaginario. Muchas investigaciones demuestran que cambia cuando hacemos alguna cosa, y que también cambia de un modo parecido si nos imaginamos que lo estamos haciendo.

Todos los atletas de elite utilizan este fenómeno de la neuroplasticidad para mejorar su rendimiento a través de la visualización. Los especialistas en rehabilitación además enseñan a visualizar a pacientes que se están recuperando de un ataque, porque imaginar el movimiento en realidad ayuda al cerebro a recuperarse.

Lo que significa todo esto es que podemos imaginarnos actuando con un nivel saludable de valía por uno mismo y nuestro cerebro se conectará con este nivel saludable.

También podemos olvidar que tenemos una autoestima baja, así como olvidamos la manera de hacer una división larga. Si no nos consideramos insignificantes o menos que los demás, y en lugar de eso nos centramos en pensar y actuar de un modo que sea congruente con una autoestima saludable, las redes neuronales conectadas con nuestra falta de autoestima sencillamente se disolverán.

Segunda parte

¿Qué importa?

«La forma más común de desesperación es no ser quien eres.»

Soren Kierkegaard

Capítulo 5

¿Importa si les gustas a los demás?

«Soy una rosa tanto si me admiran
como si no. Soy una rosa tanto si alguien
está loco por mí como si no.»
SERDAR ÖZKAN

Participé en un congreso en Las Vegas en 2007, poco después de que se publicara mi primer libro. Tenía la sensación de que era mi gran estreno y quería que saliera bien. En un momento dado, mientras estaba contando una historia, un hombre sentado en la primera fila se rió tan fuerte que se cayó de la silla y terminó en el pasillo central, histérico de tanto reír. Cuando le vi, me sentí en las nubes.

Un segundo después un hombre sentado a la izquierda captó mi atención. A pesar de que parecía que todos los que estaban en el auditorio se reían, él tenía una mirada aburrida y adusta pintada en el rostro. Me ruboricé. Perdí la concentración. Si no fuera por el hecho de que cuando la gente se ríe puedes decir casi cualquier cosa y salir airoso, me habría hundido allí mismo. Solo me quedaban diez minutos de charla, y aunque pasé ese rato hablando a trompicones, creo que nadie se dio cuenta.

Esa misma noche, más tarde y tomándonos unas copas, mi

compañera Elizabeth me dijo que estaba muy orgullosa de mí, y que la gente la había parado para comentarle lo fantástica que había sido mi charla. Seguro que piensas que me sentía como en las nubes, ¿verdad? Sin duda me felicitaba interiormente, pero mi mente seguía regresando al hombre que estaba a mi izquierda y que no había sonreído. Me ruborizaba cada vez que pensaba en él. Me preguntaba si le habría ofendido. Repasé mentalmente mi presentación buscando alguna cosa que pudiera ser ofensiva, pero no encontré ninguna. Me preguntaba si sería un catedrático universitario o un escéptico a quien ofendiera que se estableciera un puente entre la ciencia convencional, la autoayuda, la medicina alternativa y la espiritualidad. Esperaba no tropezarme con él, no fuera a resultar una persona agresiva. ¡Ya sabes lo que me pasaba cuando estaba junto a gente agresiva!

Como puedes suponer, en ese momento de mi vida me preocupaba muchísimo gustar a los demás. Sospecho que tú también te has comportado así alguna vez en tu vida. A fin de cuentas solo somos humanos.

Sé un poco más tolerante contigo mismo

Dicen que no tendrías que preocuparte por gustar o no a los demás, tan solo deberías gustarte a ti mismo.

Me gustan estas palabras, y sospecho que a ti también. Hay algo reconfortante en ellas, algo que suena a auténtico. Quizás es la luz que se ve al final del túnel.

Creo que esta es la razón de que nos gusten tanto las citas. Nos recuerdan la sabiduría que conocemos, pero que en general olvidamos en nuestro día a día. Estas palabras nos dan esperanza y nos recuerdan quiénes y cómo queremos ser.

Despreocuparnos de lo que los demás piensan de nosotros es

un gran objetivo. Pero también está bien ser un poco más tolerante contigo mismo y no enfadarte cuando estás preocupado.

Es normal querer gustar a los demás. Siempre y cuando no te obsesione la idea, es saludable, porque eso significa que serás consciente de tu propio comportamiento. ¿Cómo sería el mundo si todos nos dedicáramos a ser nosotros mismos sin que importara cómo influye nuestro comportamiento en los demás?

La clave es ser consciente de cómo los demás nos perciben, pero sin adoptar sus opiniones como si fueran propias a menos que veamos con toda honestidad que son correctas. Algunos llegamos a la conclusión de que para ser feliz necesitamos desentendernos completamente de lo que la gente piensa de nosotros. Pero vivir con absolutos de esta clase solo nos predispone a no ser lo bastante buenos: si no nos liberamos al cien por cien de la opinión que tengan los demás de nosotros, habremos fracasado, y si no nos sentimos suficientes el cien por cien de las veces, habremos fracasado también.

Sin embargo, en la vida no todo es blanco o negro, y tampoco es algo intermedio. La vida va pasando del negro al blanco y del blanco al negro, danza un poco en el gris, se derrocha en los amarillos y los naranjas, medita en el azul, se vuelve salvaje en el rojo y en su mayor parte es harto impredecible. Si podemos vivir con eso, fantástico.

Si podemos vivir interesados por lo que los demás piensen de nosotros pero sin agobiarnos cuando no nos gusta lo que piensen, fantástico también.

Recuerdo el momento en que intuí eso mismo en mi propio progreso, después de pasar varios meses trabajando mentalmente con la conexión «Soy lo bastante bueno». Estaba impartiendo uno de mis cursos por Internet y tras uno de mis seminarios web en directo recibí un correo electrónico de una mujer que me pedía que le devolviera su dinero. Supongo que no se esperaba que fuera yo mismo quien contestase los correos, porque con gran indignación me comunicó que en su opinión escucharme era muy aburrido.

No me molesté en absoluto. No me ruboricé. ¡Tuvimos una retroalimentación inmediata! Su intervención me demostró que el cambio que estaba haciendo se había imbricado ya en mi cerebro y mi sistema nervioso. En el pasado, en esas raras ocasiones en que recibía una retroalimentación negativa, en primer lugar me ruborizaba, y luego me ponía a sudar. En esa ocasión no me resultó necesario recurrir a los pensamientos afirmativos. No necesité enfadarme. Solo decidí que no podemos pretender tener a todo el mundo contento, y que es una pérdida de tiempo intentarlo. Prescindí de eso.

Te estoy contando mi propia transformación para que establezcas paralelismos con la tuya. Como estás leyendo este libro, supongo que en lo más profundo de nuestro fuero interno debemos de ser muy parecidos.

¿Por qué queremos gustar a los demás?

Cuando alguien dice que no le importa lo que los demás piensen de él, la mayor parte de las veces:

1. Miente.
2. Cree que no gusta mucho a los demás, y sus palabras obedecen a una estrategia para sobrellevarlo.
3. Le falta confianza cuando se relaciona con la gente.
4. Pronuncia una afirmación que le ayuda a alcanzar ese lugar.

Hay una razón por la cual deseamos gustar a los demás. Estamos conectados genéticamente. Nuestra biología necesita conexión.

Hace tiempo aprendimos que la seguridad llegaba con la abundancia, y que si nos ayudábamos los unos a los otros obtendríamos lo mejor. El rechazo significaba padecer hambrunas o morir. A pesar de que en la actualidad eso ya ha perdido su significado (salvo en las regiones del mundo en que el hambre es una realidad), es un concepto que sigue profundamente arraigado en la psique humana. Y sigue originando miedo a nivel biológico y neurológico. Quizá no entendamos la base de la necesidad de gustar a los demás, pero lo cierto es que existe. Es algo innato.

Por consiguiente, no es malo que te preocupe lo que la gente piense de ti. *El miedo a ser rechazado es algo humano. Ser aceptado es nuestro deseo prioritario.*

¿Por qué estamos programados para conectar?

Déjame que comparta contigo por qué llegó a ser innata esta necesidad de conectar y de ser aceptado. El modo en que funciona la evolución en realidad es muy simple. Sucede cuando un gen muta en dos o más versiones. Es como si dos personas presenciaran el mismo paisaje y lo pintaran. Cada versión, a pesar de mostrar con claridad el mismo paisaje, será algo distinta. Una persona usará tonalidades de colores más claros, por ejemplo.

Pongamos que un gen rosa ha mutado en una tonalidad rosa claro y en una tonalidad más oscura. Digamos ahora que el gen era de interacción social, que la versión rosa claro era la que hacía que la persona quisiera interactuar con los demás y la versión rosa oscuro era la que hacía que a la persona no le gustara la interacción.

La evolución necesita del sexo. Exige que los genes pasen de una generación a otra. La persona con la tonalidad más clara del gen será más proclive a reproducirse y a pasar ese gen a la siguiente generación que la persona que posee una tonalidad más oscura porque será más probable que salga a conocer gente y a formar relaciones.

Si el gen rosa claro tuviera cuatro veces más probabilidades de transmitirse que el rosa oscuro, lo que descubriríamos sería que en el transcurso de varias generaciones, el gen rosa claro estaría en los genomas de casi todas las personas. Si adelantamos el reloj medio millón de años, por ejemplo, el gen no solo se encontraría en todas las personas, sino que también se habría infiltrado en muchos sistemas biológicos, tal sería su necesidad en el genoma humano. Eso es esencialmente lo que ha pasado.

Esa es la razón de que conectar sea tan saludable y tan absolutamente necesario para la vida humana. La conexión social incluso actúa como un apoyo para la longevidad. Los estudios que se han realizado en personas de ochenta años e incluso pasados los cien llegan a la misma conclusión: la conexión es sana y nos hace vivir más años.

Conectar los unos con los otros contribuye también a nuestra salud mental. Examinando una gran red social de más de 12.000 personas, Nicholas Christakis, antiguo catedrático en Harvard que en la actualidad trabaja en el Instituto de Yale de la Ciencia de Red, y su colega, James Fowler, de UCLA, descubrieron que por cada incremento puntual en conectividad, aumentaba significativamente la felicidad.[1]

Por consiguiente, uno de los mejores antídotos contra la depresión en realidad es salir e interactuar con la gente. Aunque sea difícil, alimenta nuestra biología. Quedarnos sentados en casa, aislándonos, solo lo empeora todo.

En concreto, cuando las personas disfrutan de las conexiones, sus corazones están más sanos. La conexión genera la hormona oxitocina, que es cardioprotectora. Básicamente eso significa que protege el corazón y el sistema cardiovascular. Baja la tensión arterial y además limpia las arterias de algunos elementos precursores de las enfermedades cardiovasculares. Es una hormona esencial para la vida humana. El gen de la oxitocina en realidad es el gen rosa del que hablaba antes. Es tan importante para la evolución que se estima que data de hace unos 500 millones de años. ¡Incluso los dinosaurios necesitaban conectarse!

He hablado de muchos de los efectos de la oxitocina en mi libro *Why Kindness is Good for You* [Por qué la amabilidad es buena para ti]. En lugar de repetir esos argumentos, te recomiendo que eches un vistazo a ese libro si el tema te interesa.

Es decir, que en lo más profundo, en lo más hondo, de hecho, nos necesitamos, queremos que nos acepten y queremos gustar. Ser aceptado y gustar a los demás va derecho a las mismas raíces de la supervivencia. Si no nos aceptan o no gustamos a los demás, no podemos pasar nuestros genes y parece que haya llegado el final. Esta es la razón de que ser rechazado sea el miedo humano más primordial. En la psique humana colectiva, es una amenaza para nuestra misma supervivencia.

¿Por qué no deberíamos renunciar a nuestra autenticidad?

El miedo a no ser aceptado es tan fuerte que provoca que tanto mujeres como hombres procuren cambiar su aspecto para intentar parecerse más a lo que suponen que el otro prefiere.

En lo más profundo, todos sentimos que si tenemos una determinada imagen será más probable que gustemos a los demás y que, por lo tanto, nos acepten. Muchos ajustan su comportamiento, incluso la manera de hablar, para ser aceptados.

La gente haría casi cualquier cosa por el sentido de pertenencia. Ya hemos visto que pueden convertirse en acosadores para formar parte de un grupo, y luego volver a actuar con normalidad cuando el cabecilla ya no está. Recuerdo una época en la universidad en que muchos de mis compañeros le tomaban el pelo a un chico porque hacía cosas que los demás consideraban estupideces. Cuando yo iba con ellos, imitaba su comportamiento. En privado, sin embargo, me daba pena. ¿Pensáis que hablé alto y claro? ¡Al final sí! Pero el grupo me superaba, y volvía a unirme a ellos de tanto miedo como tenía a ser rechazado. A pesar de haber sufrido acoso, también he sido acosador de algún modo. Todos lo hemos sido.

En entornos profesionales, es muy común que las personas digan cosas que en realidad no creen solo para gustar o ser respetadas por el grupo. Una vez fui a una conferencia que daba un científico en la que hablaba de la supervivencia de la conciencia tras la muerte. Dijo que había dado la misma conferencia en un congreso que se celebró en la facultad de medicina de una universidad muy conocida. Los catedráticos asistentes adoptaron la actitud de no creer ni una palabra de lo que se les decía, pero a medida que fueron pasando los días, y que empezaron a frecuentarse, siete catedráticos hablaron en privado con él y admitieron que estaban de acuerdo con sus teorías. Algunos dijeron que habían hecho observaciones que sugerían la supervivencia de la conciencia, y habían entrevistado a pacientes que habían resucitado. Pero todos le pidieron que no repitiera nada de su conversación a los demás colegas, porque eso podría dañar potencialmente su relación con ellos y su reputación profesional.

El científico pensó que era divertido que esos catedráticos coincidieran en privado, pero mantuvieran la misma farsa en sus vidas profesionales.

A pesar de que es perfectamente lógico que nos unamos a la masa, sobre todo si quedarse solo puede perjudicar nuestra profesión y, por lo tanto, tener consecuencias financieras en nosotros y en nuestra familia, en un nivel más primario, cada vez que actuamos así comprometemos nuestra autenticidad y esencialmente renunciamos a una parte de nosotros mismos. Está muy bien que adaptemos nuestras palabras y nuestra manera de hablar a la sensibilidad de los que nos escuchan. Pero ello no es aceptable cuando lo hacemos por miedo. En el primer caso afirmamos que somos lo bastante buenos; en el segundo, no.

La mayor parte de la gente vive su vida en función de los demás, intentando complacerles y ajustándose a lo que quieren. Por su parte, prefieren creer que es una cuestión de educación. ¿No es eso lo que nos decimos a nosotros mismos? Pero, a decir verdad, la mayoría sencillamente tenemos miedo de no gustar. Y si no gustamos, no pertenecemos al grupo. Y todos necesitamos pertenecer. Podemos decirnos que somos más felices solos, pero cuando se nos da la más mínima oportunidad de formar parte de algo, nos agarramos a eso. Es difícil vencer a la biología.

Querer gustar es normal, o sea que sé un poco más tolerante contigo mismo cuando te des cuenta de que estás intentando gustar a los demás. El problema surge cuando tienes tanto miedo de no gustar que comprometerías tu propia autenticidad para ser aceptado.

Es perfectamente lógico: si eres lo que los demás quieren que seas, les gustarás, te aceptarán y tendrás un sentido de pertenencia. Fantástico…, salvo que en realidad no funciona de esa manera.

Básicamente, cuanto más renunciamos a nuestras ideas, más débiles se vuelven nuestras conexiones y disminuye nuestra sensación de pertenecer a algo. Cuanto más auténticos somos, por otro lado, mejora la calidad de nuestras conexiones y nuestra sensación de pertenencia. Y cuanto más auténticos somos con nosotros mismos, conectamos más profundamente el «Soy lo bastante bueno» a nuestras redes neuronales.

Por supuesto todo tiene su riesgo. Cuando muestras a los demás tu yo real, a lo mejor no les gustas. Quizá te rechacen. Y eso puede ser aterrador. Da justo en el blanco del miedo número uno.

Un buen amigo mío que es gay me dijo que para muchos que no han salido del armario el miedo de una respuesta negativa (por ejemplo, el rechazo de la familia) todavía es mayor que las posibles recompensas. El rechazo, decía, es más fácil de imaginar, y la aceptación parece un sueño imposible.

Pero ¿y si la gente te acepta como eres en realidad? De hecho, ¿qué pasa si todavía les gustas más que antes?

Por muy duro que resulte, necesitamos centrarnos más en esta posibilidad, a menos que queramos seguir estancados. Es cierto que hay personas que podrían elegir salir de nuestras vidas. Pero si eso sucede, deja espacio para que aparezca gente nueva. ¿No preferirías tener a gente en tu vida que te quisiera tal como eres, en lugar de personas a quienes les gusta que seas como finges ser?

Dicen que no deberíamos intentar gustar a los demás. Si te muestras tal como eres, las personas adecuadas aparecerán en tu vida; personas que amarán tu yo auténtico.

Anaïs Nin escribió: «Y llegó el día en que el riesgo de seguir encerrado en el bulbo fue más doloroso que el riesgo que comportaba florecer».

EL GIMNASIO DEL AMOR POR UNO MISMO:
Sé tú mismo

El siguiente ejercicio está diseñado para ayudarte a paliar la negatividad que entraña el riesgo de ser auténtico y para que puedas centrarte más en las recompensas posibles.

◆   ¿Te esfuerzas mucho en gustar a los demás? ¿A quién exactamente?

◆ ¿Tan importante es que no les gustes a esas personas, o a esa persona en particular? ¿Qué es lo peor que podría pasar?

◆ ¿Cómo serían tu vida y tus relaciones si no te esforzaras tanto en gustar a los demás?

◆ ¿Qué acción podrías emprender para demostrar que no es importante gustar a los demás (sin comportarte indebidamente ni quebrantar la ley)? Recuerda que eso sería como afirmar que tú «eres lo bastante bueno».

◆ Durante siete días consecutivos haz algo que demuestre que estás más preocupado por ser tú mismo que por gustar a la gente. ¿Podrías vestirte o peinarte como quieres, sin que te preocupe no gustar a la gente (o a una persona en concreto)? ¿Podrías hablar con franqueza en el trabajo y decir lo que te da miedo? ¿Serías capaz de decir «no» cuando quieres, en lugar de decir siempre que sí?

Cuando leyó el borrador de este libro, mi amiga Margaret me telefoneó para comentarme el ejemplo que doy al principio del capítulo sobre mi ponencia en Las Vegas. Me dijo que no podemos ser responsables de la impresión que se lleva la gente de nosotros. Mientras actuemos de la mejor manera, el modo en que nos perciban los demás no es cosa nuestra, sino de ellos.

Y tenía toda la razón. No es tarea nuestra influir en las percepciones que los demás tienen de nosotros. Estaríamos muy ocupados si así lo hiciéramos, y no tardaríamos en caer rendidos. No podemos complacer a todo el mundo. Lo único que podemos hacer es ser nosotros mismos.

He descubierto que si intento ser amable, paciente, comprensivo y compasivo con el sufrimiento ajeno (si vivo con integridad personal), sé que lo que estoy haciendo me sale del corazón y me resulta más fácil desprenderme de las percepciones de la gente controladora. Entonces sé que lo estoy haciendo bien.

Creo que si hiciéramos eso siempre nos sentiríamos auténticos, y sentiríamos que lo que hacemos y nuestra manera de hacerlo está bien. Y si a la gente no le gusta, es su problema.

Espejito, espejito

¿Has oído hablar del poder que tiene mirarte al espejo y decirte «Te quiero»? Louise Hay ha escrito mucho sobre esta cuestión y afirma que ayuda a amarse a uno mismo. No es necesario volcarme ahora en el tema. Soy un rendido admirador suyo. ¡Esa mujer me convirtió!

En la fiesta que dio Louise cuando cumplió ochenta y cinco años, regaló a todos los invitados una tarjeta en la que había un corazón y un espejo circular pegado en el centro. Debajo había escritas las palabras: «TE QUIERO». La tengo en el despacho para poder mirarla mientras escribo. La he usado muchas veces y el ejercicio me ha ido muy bien.

La razón por la que he llamado a esta sección «Espejito, espejito» es porque a lo largo del proyecto «ámate a ti mismo» quizá pienses que no necesitas satisfacer las expectativas de los demás ni conseguir la aprobación de la gente, ni de una persona o de un grupo en particular. Bien, de acuerdo, pero entonces los demás tienen derecho a decir lo mismo. No necesitan satisfacer tus expectativas, contar con tu aprobación o gustarte.

Es importante entender esto, porque si esperas que la gente viva conforme a tus reglas o expectativas, o incluso si los juzgas según estos criterios, estás diciendo sin duda alguna que también es válido que ellos (u otra persona) actúen así contigo.

Al liberarte de las expectativas, la aprobación y los juicios de los demás, tienes que liberar a los otros de tus expectativas, tu aprobación y tus juicios.

Si descubres que estás juzgando a los demás, recuerda que no es posible saber lo que pasa en la mente de una persona. En realidad, no puedes saber por qué están diciendo lo que dicen, ni por qué se comportan de una determinada manera. Mi madre me lo enseñó cuando era pequeño, y me acordé de eso una mañana, cuando esperaba en la cola de una cafetería y una mujer pasó por mi lado montada en una silla de ruedas motorizada. Había un espacio muy estrecho entre la cola de personas y las mesas, y ella intentaba pasar por en medio. Lo consiguió, pero me pisó un pie. Miró hacia atrás, pero no se disculpó, y siguió circulando.

Estuve esperando una disculpa, pero lo dejé correr y retomé la crucial tarea de elegir la pasta que me tomaría con el café. Para que conste, elegí un madalena de arándano.

Esa señora y yo terminamos sentados en mesas contiguas. Al cabo de una media hora más o menos, cuando ella terminó su café, se levantó y volvió a su silla de ruedas. No arrancaba. Intentó girar la llave varias veces, y luego telefoneó al concesionario donde había comprado la silla.

Un mecánico llegó al cabo de cinco minutos. La empresa debía de estar en el barrio. No pude evitar oír lo que estaban diciendo porque estaban a unos pasos de mí. Resultó que la mujer acababa de recoger la silla esa mañana. Además de ser esta su primera salida, era la primera vez que la conducía. Había entrado en la cafetería para descansar.

Oí que se sentía muy cohibida conduciendo la silla y que no circulaba con seguridad. Sin duda, no estaba acostumbrada a esa velocidad, o a esa anchura, y todo ello le resultaba estresante cuando tenía que guiarse por espacios estrechos.

Ahora siento compasión por esa señora. Ahora me doy cuenta de que cuando se volvió tras pisarme el pie, probablemente quería decirme algo, pero al sentirse cohibida y avergonzada, y temer que pudiera atropellar algún otro pie mientras maniobraba por el estrecho espacio que había entre la cola y las mesas, había canalizado toda su energía mirando hacia delante y siguiendo en línea recta.

En realidad, no me molestó que me hubiera atropellado. Pero había dado por supuesto que si alguien le pisotea el pie a otro debería disculparse, por eso la juzgué. Ese supuesto también implica que todos estamos en el mismo campo, que todos estamos pasando más o menos por las mismas cosas. Pero todos sabemos que eso no es cierto.

¿Cuántas veces te has sentido juzgado por alguien y has deseado que ojalá supiera cómo era tu vida? ¿O lo que tenías que sopesar al tomar una decisión que afectara a otros?

No tenemos manera de saber lo que le ronda por la cabeza a una persona a menos que nos lo diga. La próxima vez que vayas a juzgar a alguien, detente un segundo y recuerda que las personas te han juzgado a ti sin saber lo que estaba pasando por tu cabeza o por tu vida. Y si juzgas a los demás, estás abriendo la puerta para que te juzguen a ti.

Cuando sabes que eres lo bastante bueno, no tienes ninguna necesidad de juzgar a los demás. Les dejas ser quienes son o quienes necesitan ser. Eso es todo.

Recuerda que todos intentamos abrirnos paso en la vida con las herramientas y los conocimientos que tenemos. Todos tenemos esperanzas y sueños. Y nos asustamos. Todos tenemos lo que otros llamarían defectos, y esas otras cosas que encuentran hermosas también.

¿En qué te vas a centrar? ¿En la belleza o en el defecto? Es tu elección. ¿Qué ves en los demás? ¿Qué ves en ti mismo?

Practica ver la belleza en el día de hoy. Adviértela en ti mismo y en los demás.

Si quieres que la gente vea tu belleza, busca la de ellos.

Si quieres que la gente sepa quién eres, muestra interés por sus vidas.

 EL GIMNASIO DEL AMOR POR UNO MISMO: Libéralos

Identificar a la gente a quien juzgas y a esa otra por quien te sientes juzgado te ayuda a liberarlos. Y a su vez te ayudará a ser libre y a alejarte del «No soy lo bastante bueno», sobre todo si te has estancado en ese punto.

Responde a las siguientes preguntas:

♦ ¿Vives bajo la presión de las expectativas de los demás? ¿Quién espera algo de ti concretamente? ¿En qué sentido?

♦ ¿Cómo sería tu vida si te liberaras de esas expectativas?

♦ ¿Qué podrías comunicar a los demás para liberarte de sus expectativas?

♦ ¿Podrías liberar a alguien de tus expectativas? ¿Qué significaría para esa persona?

♦ ¿Qué podrías comunicar a los demás para liberarlos de tus expectativas?

En resumen, es natural querer gustar a la gente. Está en nuestro ADN. Nos impulsa el deseo de conectar con los demás. Nos hace bien. Es saludable, por otro lado. Las relaciones buenas y un contacto social regular prolongan las expectativas de vida. También nos hacen más felices.

Pero es importante que no renunciemos a nuestra manera de ser por gustar a los demás. La mayoría asumimos inconscientemente que, si somos como los demás quieren, nos aceptarán. Pero el problema de renunciar a nuestra autenticidad, que es lo que hacemos cuando fingimos ser lo que sabemos que no somos, es que en realidad nunca adquirimos la calidad de conexión que está buscando nuestra biología. La manera de conseguirla sencillamente es ser nosotros mismos.

Sé tú mismo: auténtico, honesto y sincero contigo mismo. Con eso basta.

Capítulo 6

Vergüenza

«La dignidad propia puede ser agredida,
saqueada y ser objeto de burlas crueles, pero
jamás te la arrebatarán si no te rindes.»
MICHAEL J. FOX

«[Vergüenza] es el sentimiento o la experiencia intensamente turbadores causados por creer que tenemos defectos y, por lo tanto, no somos dignos de amor y de tener sentido de pertenencia.» ¿Te suena? Esa definición es de la investigadora sobre la vergüenza Brene Brown.

La vergüenza hace que nos resulte difícil mostrar nuestro auténtico yo porque creemos que tiene defectos. Damos por supuesto que si mostramos nuestro yo con defectos nunca nos aceptarán. Y eso repercute directamente en la psique, justo en el lugar que incide en la supervivencia. La vergüenza nos mantiene en el punto del no ser lo bastante buenos.

Lo que pasa es que la vergüenza es solo una creencia. No es real. Solo es una creencia sobre la realidad. Necesitamos hacer un poco de gimnasia mental con la vergüenza para desenmarañar algunos pensamientos.

Elimina el «Yo soy»

La vergüenza es creer que tenemos defectos, que no funcionamos bien, que no somos lo bastante buenos y que, por lo tanto, no somos dignos de que nos amen, de ser felices, de estar conectados o de pertenecer a algo.

La vergüenza lo convierte todo en personal. Está en el «No soy» que inicia la frase «No soy lo bastante bueno». No es que hayamos hecho algo estúpido o que nuestra actuación haya sido penosa, o que hayamos tomado malas decisiones. Es que nos definimos como el resultado de todo eso.

♦ En lugar de decir «Hice una estupidez», la vergüenza dice «Soy estúpido».

♦ En lugar de decir «Hice algo malo», la vergüenza dice «Soy malo».

♦ En lugar de decir «Mi cuerpo tiene sobrepeso/le falta tonificación/está sucio/es horrible, etcétera», la vergüenza dice «Soy ese sobrepeso/me falta tonificación/me siento sucio, etcétera».

♦ En lugar de decir «No gano suficiente dinero para proporcionar a mi familia una vida cómoda», la vergüenza dice «No soy lo bastante bueno/seguro de mí mismo/inteligente para ganar el dinero suficiente y dar a mi familia una vida cómoda».

♦ En lugar de decir «He fracasado», la vergüenza dice «Soy un fracasado».

Lo que pasa es que no somos nada de todo esto. Eso tan solo son circunstancias y condiciones de la vida. ¡Nada más! Hay un mundo de diferencia entre el «yo hice», «yo tengo» y «yo fui» y el «yo soy». Haz esta simple distinción y podrás empezar a mostrar resistencia a la vergüenza. A eso me refiero cuando digo «elimina el yo soy».

Sí, quizá hayas hecho alguna que otra estupidez. ¿Y quién no? Eso no significa que *seas* estúpido. Sí, quizá sientas que tienes sobrepeso o te veas sucio, sobre todo si te comparas con las imágenes que hay en los medios de comunicación, pero eso no significa que haya nada malo en ti. Es tu manera de sentir tu cuerpo en relación con aquello con que lo has comparado. Bueno, quizás es cierto que no has acertado en tus decisiones financieras (¿a quién no le ha pasado?), o no has sabido actuar en momentos en que podrías haber mejorado tu vida, pero eso no te convierte en un fracasado. Solo significa que te comportabas de esa manera en aquella época.

A menudo confundimos nuestra conducta con nuestra identidad, sentimos vergüenza y eso nos impide creer que valemos. Es fácil pensar que somos malos porque nos comportamos de una manera determinada, pero no tenemos que identificarnos con nuestro comportamiento. Tan solo mostramos ciertas conductas; y pueden existir muchas razones para ello. Quizás hayamos sentido dolor o sufrimiento en nuestra vida, quizás eso sea lo único que conozcamos, quizá nunca aprendimos a comportarnos con los demás de manera distinta… Diferenciar entre identidad y comportamiento nos permite aceptarnos mientras cambiamos nuestra manera de mostrarnos al mundo.

. . . .

EL GIMNASIO DEL AMOR POR UNO MISMO:
Desprenderse del «Yo soy».

◆ Escribe una lista de aquello que te avergüenza. Los ejemplos anteriores pueden darte algunas ideas o puedes recurrir a algo más personal o íntimo para ti.

◆ Ahora reescribe cada punto de tu lista en el siguiente formulario, dividido en cinco partes:

1. No es que yo sea _____ [insertar aquello que te avergüenza].

2. Lo cierto es que _____ [lo que hiciste o la percepción que tuviste de ti].

3. Eso no significa que yo sea _____ [insertar lo que te da vergüenza].

4. De hecho _____ [inserta lo positivo].

5. Soy_____ [inserta lo contrario].

Para ayudarte a empezar, te plantearé unos cuantos ejemplos basados en las reacciones de personas que han asistido a mis talleres.

[1] No es que sea estúpido. [2] Lo cierto es que he hecho algunas cosas que algunos dirían que son estupideces. [3] Eso no significa que sea estúpido. [4] De hecho, también he realizado elecciones inteligentes en mi vida. [5] Soy inteligente.

[1] No es que se me dé fatal el dinero. [2] Lo cierto es que he tomado decisiones que han salido peor de lo que esperaba. ¿Y quién no? [3] Eso no significa que no pueda manejarme bien con el dinero. [4] De hecho, he tomado algunas decisiones financieras muy buenas en

mi vida, aunque fueran de poca monta. [5] Lo cierto es que se me da bien el dinero.

Fíjate que esta persona prefirió escribir, «Lo cierto es que…» en la quinta parte. Imprimió su estilo personal al comentario.

[1] No es que tenga sobrepeso. [2] Lo cierto es que solo es como me veo a mí mismo. En algunos países mi talla sería la ideal. Lo importante es que el peso es una percepción. [3] Eso no significa que tenga defectos. [4] De hecho, hay quien me encontraría guapa, o hermosa. [5] A partir de ahora, voy a celebrar mi belleza.

Fíjate que en este ejemplo, en lugar de escribir «Yo soy…» en la quinta parte, esta señora tan solo escribió cómo tenía la intención de actuar a partir de entonces. No le pareció bien decir que no tenía sobrepeso. Podía entender y valorar que era su manera de percibirse, y eso la ayudó muchísimo, pero le parecía falso decir que tenía un peso ideal o algo parecido. El hecho de celebrar su belleza, sin embargo, le dio la sensación de tener fuerza interior y una mayor determinación. Otros escribieron «Soy bella tal como soy» o «Soy perfecta tal como soy» o cualquier otra expresión que funcionara a ese efecto.

◆ Lee estas afirmaciones cada día hasta que sientas que esa certeza ocupa un lugar en tu mente.

◆ Añade a tu lista aquellas cosas que te dan vergüenza a medida que vayan surgiendo y trabájalas de la misma manera.

Este es otro ejercicio que ayuda a conectar nuevos pensamientos en tu cerebro. Aunque te parezca que has avanzado tras la primera sesión, sigue interpretando tus reacciones durante unos cuantos días. Escríbelas cada vez si eso te sirve de ayuda. Hacerlo refuerza el tejido de la red (neural) y la fortalece.

Cuatro pasos para sobreponernos a la vergüenza

También podemos utilizar un pequeño truco de la neurociencia para sobreponernos a la vergüenza. La sensación de vergüenza activa la reacción de «lucha o huye» en el cerebro. Es pura supervivencia. Los recursos fluyen hacia las zonas del cerebro que sienten la tensión. Y mientras eso sucede puede que nos resulte difícil mantener la mente clara, tener perspectiva, ser honesto con los demás sobre lo que pensamos o sentimos... Incluso es posible que seamos incapaces de ser honestos con nosotros mismos.

El truco consiste en entender lo que está sucediendo. Cuando ya lo sabemos, podemos persuadir amablemente a nuestro cerebro para que se comporte de una manera distinta.

Con esta idea en mente, te presento cuatro pasos para sobreponernos a la vergüenza.

Paso 1: Disminuye el estrés reflexionando

Durante años mi madre sufrió ataques de pánico. Me contó que en realidad no temía tanto el ataque de pánico en sí mismo, sino el miedo a que le sobreviniera, sobre todo si se encontraba en un lugar público. Y ese miedo era lo que a menudo le provocaba el ataque.

En una ocasión me dijo que si pensaba que a toda la gente que se encontraba en el centro comercial también le daban ataques de pánico, entonces no se angustiaba tanto. Se relajaba, y comprendía que no pasaba nada si sufría alguno. En otras palabras, ¡la capacidad de no tener un ataque de pánico se hallaba en un pensamiento!

La vergüenza es parecida de alguna manera. Intentar resistirse a la vergüenza puede provocarla. La vergüenza nos hace sentir que no estamos a la altura. Es algo muy personal, por lo que parece. Pero si sabemos que los demás se sienten exactamente como nosotros, eso le quita fuerza. Esta es la reflexión que debemos hacernos. De esta manera la reacción de «huye o lucha» no se activa en el cerebro. Y nos relajamos un poquito.

La vergüenza es algo natural. De hecho, es una de las cosas más naturales en el ser humano. Todos la sentimos. ¡Todos! Solo que hay personas que tienen más miedo de admitirlo. Tienen miedo de no ser aceptadas.

Paso 2: Elimina el «Yo soy»

Este ejercicio te ayudará a razonar sobre la vergüenza tal y como hemos aprendido hace un momento. También es un ejercicio de autocompasión, que consideraremos más tarde. Cuando dejas de definirte por tus actos y por tu aspecto, empiezas a comprenderte mejor. La autocompasión es un resultado natural.

Una zona clave del cerebro para la empatía y la compasión es la *ínsula*. Está a medio camino entre las zonas de supervivencia, que permanecen activas durante el estrés y la vergüenza, y el córtex prefrontal, que es la zona que controla la concentración y nos ayuda a centrarnos en el esfuerzo. Desprenderse del «Yo soy» favorece la empatía y la compasión, y nos ayuda a pasar de la supervivencia al esfuerzo.

Paso 3: Márcate un baile para alejar la vergüenza

Este paso en realidad puede ser muy divertido. Sencillamente consiste en bailar para quitarte la vergüenza.

Yo uso la estrategia del «baile de la victoria» para muchas cosas, y una de ellas es la vergüenza. También ayuda a desviar los recursos y la energía de las zonas de supervivencia del cerebro que están en modo de «lucha o huye», y a entrar en la empatía y en las zonas de pensamiento de un orden más elevado como el córtex prefrontal.

Puedes utilizar esta estrategia de dos maneras:

1. Cuando hayas terminado el ejercicio «Elimina el "Yo soy"», puedes improvisar un breve baile, un baile de celebración, un baile de la victoria. Hazlo con el corazón alegre y el espíritu positivo. Así contribuirás a añadir un sentimiento positivo a tus nuevas percepciones, y a cambiar los recursos cerebrales y redirigirlos hacia el córtex prefrontal.

2. Cuando te sientas avergonzado de algo y no estés lo bastante presente mentalmente para rebajar el estrés con percepciones interiores o para desprenderte del «Yo soy», ponte a bailar como un loco. ¡Tiene que ser un baile loco! Sigue hasta que te rías a carcajadas o sonrías de oreja a oreja. Créeme, si tu baile es lo bastante loco, no durará mucho. Y deja que te dé un consejo logístico: asegúrate de que estás solo. Cierra la puerta con llave y corre las cortinas.

En mi libro *How Your Mind Can Heal Your Body*, conté la historia de una vez que me pillaron en pleno baile de la victoria. Fue muy violento, pero, curiosamente, ese baile me hizo superar la vergüenza. Supongo que tendrás ganas de oír la historia. Bien, mi costumbre era tomar el mismo camino para ir al «despacho» por las mañanas (me refiero a cualquier cafetería en la que pudiera trabajar con el ordenador), y salía de casa sobre las siete menos cuarto. A los cinco minutos llegaba a unos pasos subterráneos que había bajo un cruce de la carretera. Un lugar seguro para marcarme un baile loco. Era muy raro encontrarse con alguien por ahí a esas horas de la mañana. Y, además, en general solo bailo unos segundos.

Pero una mañana en particular me dejé llevar por el movimiento y recorrí los dos pasos subterráneos bailando todo el rato. Estaba tan absorto que no vi lo que había delante de mí. Y además tenía los ojos cerrados.

Cuando los abrí, al final del segundo paso, me encontré con la mirada de incomprensión de un nutrido grupo de obreros de la construcción, observándome en un estado de absoluto desconcierto.

Como dije anteriormente, en los momentos de máximo bochorno o vergüenza, una buena parte de nuestro cerebro moviliza los recursos de «huye o lucha». El pensamiento inteligente se cierra en banda. Te habrás dado cuenta quizá de que en momentos como esos se tiende a decir o a hacer cosas estúpidas. Yo no era diferente. La única idea que se me ocurrió fue fingir que me llamaban al teléfono. Solo que no tenía el móvil en la mano. Respondí con los dedos y empecé a hablar en voz alta fingiendo que me comunicaba con otra persona.

No es de extrañar que los obreros de la construcción, ante tan extraño espectáculo, dedujeran que estaba loco de remate. No les culpo, teniendo en cuenta que acababan de verme bailando solo.

Sin embargo, como sabes, el baile de la victoria también me hizo superar la vergüenza. Rememoré los pensamientos y las sensaciones de vergüenza volviendo a revivir ese momento mentalmente. Y mientras me sentía avergonzado, me marqué un baile de la victoria. Solo tenía que hacerlo diez veces consecutivas ¡y acabaría encontrando divertido lo que me había sucedido en los pasos subterráneos! El poder del baile de la victoria me ayudó a transformar la vergüenza en una sonrisa.

Por consiguiente, diseña tu propio baile de la victoria y practícalo. Hazlo diez veces consecutivas, bien en el momento en que sientes vergüenza o después, en la intimidad de tu casa. Antes de la cuarta o la quinta vez, te costará mucho más centrarte en los pensamientos y las sensaciones de culpa. Y eso es porque tu cerebro estará aprendiendo a limitar los recursos en las zonas de estrés y a dirigirlos hacia las áreas positivas. De todos modos, hazlo diez veces. La repetición es la clave cuando estás reprogramando tus redes neuronales, tal como ya sabes.

Es parecido a una psicoterapia, pero a toda velocidad. Una de las formas en que actúa la psicoterapia, a nivel neurológico, es procesando un recuerdo desde una perspectiva más positiva y a menudo más adulta. Aunque se trata de una terapia hablada, una parte de su poder radica en que a través de la charla nuestras redes neuronales dejan de conectar el evento con el estrés y la emoción negativa, y lo reprograman para conectarlo a un conjunto más positivo de percepciones internas y emociones, esencialmente trasladando los recursos desde las zonas de estrés hasta el córtex prefrontal.

Paso 4: Ábrete

Está bien admitir que tenemos vergüenza o nos sentimos avergonzados. A todos nos pasa. Abrirnos a los demás puede aportarnos una cierta intimidad y también ofrecernos la oportunidad de mostrarnos compasivos y quizás honestos también con nosotros mismos.

Así es cuando aparece la magia. En el espacio donde contamos a otro cómo nos sentimos o nos hemos sentido, tanto si se trata de un ser querido, de un amigo o incluso de un grupo de apoyo, empezamos a sentirnos conectados. Y a través de la conexión terminamos sabiendo que somos *lo bastante buenos*.

Veamos un resumen de los cuatro pasos para resistirnos a la vergüenza.

1. Disminuye el estrés reflexionando.
2. Elimina el «Yo soy».
3. Márcate un baile para alejar la vergüenza.
4. Ábrete.

Encógelo

Una de las cosas que me ha enseñado *Oscar* es a tomarme a mí mismo mucho menos en serio. Y eso es por las burradas que ha hecho. Se ha caído en agujeros, ha dado volteretas para coger una pelota de tenis a toda velocidad, ha salido disparado corriendo cuando pasaba un coche por delante, ha saltado sobre un vigilante del parque intentando agarrarle el pincha-papeles, ha visto un pájaro y me ha arrastrado entre enormes arbustos punzantes para diversión de los transeúntes, entre otras muchas otras cosas más ridículas aún. Cuando le enseñaba de cachorro, el entrenador, que había ganado la exposición perruna Crufts, empezó a llamarle *Marley*, por el libro y la película *Una pareja de tres*, que trata de un perro labrador amarillo, llamado *Marley*, que está loco.

Si *Oscar* hubiera sido un ser humano, habría repasado estas payasadas una y otra vez en su memoria, mucho tiempo después de que hubieran tenido lugar los acontecimientos, pasando gradualmente del bochorno a la vergüenza. Habría pensado: «No puedo creer que haya hecho algo así. Y además la gente me ha visto. Oh, qué vergüenza…»

Pero *Oscar* no pasa vergüenza. Se levanta por la mañana con la mejor de las sonrisas en la cara, moviendo el rabo vigorosamente cuando me ve a mí o a Elizabeth. El día anterior ya pasó. Acaba de empezar un nuevo día, un buen día, y él se dedica a buscar juguetes para entretenerse, u objetos que destrozar, o quizá maquina alguna travesura.

Necesitamos ser como *Oscar*. No quiero decir que tengamos

que salir a correr por los caminos o lanzarnos sobre los guardias de los parques, claro que no, pero necesitamos salir de nuestra propia vida. Gran parte del dolor que sentimos es debido a nuestra interpretación de los acontecimientos, a la percepción de nosotros mismos y a lo que imaginamos que dirá la gente. Vinculamos nuestra identidad y valía personal a los acontecimientos y luego, si no salen como queremos, nos juzgamos a nosotros mismos. «¡Soy tan _____!»

Oscar me ha enseñado a tomarme las cosas más a la ligera. Sí, puedo hacer cosas que en apariencia son estúpidas, pero ¿acaso no lo hacemos todos? Tampoco actúo siempre así… Y eso no quiere decir que sea un estúpido. Significa que soy normal.

Para *Oscar* los momentos embarazosos o dolorosos son mínimos. Para los humanos son mayúsculos. Te planteo otra manera muy poderosa de sufrir menos vergüenza. Esto es lo que hay que hacer:

EL GIMNASIO DEL AMOR POR TI MISMO: Encógelo

Como ya sabes, tu cerebro no distingue entre lo real y lo imaginario. Piensa en una situación que te resultara embarazosa. ¡Y ahora hazla más pequeña! Lo digo en serio, imagínate que se encoge. Incluso puedes ayudarte con las manos. Imagínate que la escena encoge hasta que adquiere un tamaño insignificante. Reduce también el sonido, hasta que no oigas nada más que un débil quejido. Tu cerebro lo interpretará como si esa circunstancia no significara tanto.

Los acontecimientos significativos crecen en nuestras mentes. Parecen reales y podemos imaginarlos con gran detalle, en general con profusión de colores y sonidos. Las circunstancias menos significativas son más difíciles de recordar con detalle. Cuanto mayor y más significativo sea un acontecimiento en tu mente, mayor será su significado.

¡Encoge los acontecimientos vergonzosos! No los ignoras. No finges que no sucedieron. Estás enseñando a tu cerebro que no son tan importantes para ti.

Tendrás que hacer este ejercicio varias veces con el mismo acontecimiento para lograr resultados. Pero cuando lo hagas, tendrá mucha menos influencia emocional en ti.

Podemos ser lo bastante buenos sin necesitar ser perfectos

La vergüenza a veces surge del perfeccionismo. El perfeccionismo se define como la «tendencia a plantearse unos parámetros muy altos, a adherirse rígidamente a ellos y a examinarse de una manera demasiado crítica». Llevado a extremos patológicos, es actuar con una mentalidad de blanco o negro, gana o pierde, o todo o nada, que es la receta de la infelicidad, de una baja autoestima y de la depresión.

No me malinterpretes: el perfeccionismo puede ser saludable. Algunos perfeccionistas tan solo se esfuerzan por ser excelentes. Pero si el perfeccionismo surge de la creencia «Si no soy perfecto no me van a aceptar», todos los intentos de ser perfectos solo contribuirán a forjar la afirmación: «Seré lo bastante bueno cuando…» Y cada vez que definamos el cuando, se irá alejando el concepto *lo bastante bueno*. Y entonces se convierte en una zanahoria atada a un palo.

Los perfeccionistas son hipersensibles a las opiniones de los demás, y a menudo se retraen y no muestran sus creaciones al mundo hasta que son perfectas. «Hay que mejorarlo un poco más antes de poder enseñarlo» es un mantra muy común. Pero lo que se está diciendo en realidad es: «Necesito ser un poco mejor antes de mostrarme a mí mismo».

Se retraen porque creen que los demás serán tan críticos con ellos como ellos lo han sido consigo mismos. Dan por supuesto que los demás verán las mismas imperfecciones, errores de bulto y puntos flojos que ven ellos en sí mismos.

Eso les impide ser visibles. Les impide expandirse. Y conlleva que están menos conectados con el mundo. Se empequeñecen y apartan del mundo, y su sensación de valía personal se encoge con ellos.

Muchos lectores no serán perfeccionistas, pero si esta descripción encaja contigo, escribe la siguiente afirmación:

«Yo no soy mis logros y creaciones. Con independencia de si gano o pierdo, tengo éxito o fracaso, lo cierto es que siempre soy lo bastante bueno».

Te sorprenderá lo útiles que pueden ser estas afirmaciones. Y eso es debido a que te ayudan a centrar tu intención.

A medida que avances con el proyecto de quererte a ti mismo, descubrirás que el perfeccionismo patológico desaparece. El perfeccionismo sano permanecerá mientras te sientas inspirado a luchar por la excelencia. Y descubrirás quizá que tu entorno, tus productos, tus creaciones, se vuelven más hermosos de lo que habías imaginado, porque estás trabajando desde un espacio distinto. ¿Por qué no lo intentas?

Sal y conéctate contigo mismo

Mi amiga Margaret suele contar que me vio con un grupo de amigos portando la llama de la paz por el trabajo que realizábamos en la asociación caritativa que habíamos fundado, la Fundación de la Ayuda Espiritual, y decidió que tenía que conocerme.

Por lo que pareció ser una casualidad, coincidimos como compañeros de meditación unos meses después en un retiro en la India, siendo ambos los dos únicos representantes de Escocia. No tardamos en hacer buenas migas.

Una de las muchas cosas que he aprendido de Margaret es el poder que tiene de interactuar con la gente. Habla con todo el mundo. ¡Con todos! Y no le importa que no le hablen en el mismo idioma; ella ya encuentra la manera de comunicarse.

Tras ese viaje, organizamos varios talleres juntos. Margaret tenía formación de terapeuta en risoterapia. Se había formado con el doctor Patch Adams, del que se hizo buena amiga. Me refiero al médico de la película que lleva el mismo nombre y cuyo personaje fue interpretado por el fallecido Robin Williams. Hicimos juntos una gira, y ella se dedicó a ir vestida como un payaso durante todo el viaje. Atraía las miradas, eso te lo aseguro.

Una vez que trabajábamos en un taller para una gran compañía de seguros, entramos en el ascensor para ir a la planta de los directivos. En él había dos hombres con traje gris. De repente, al vernos desviaron la vista al suelo, claramente incómodos, quizá debido al hecho de que Margaret iba vestida de payaso.

Yo también me sentí incómodo cuando ella les empezó a hablar. Esos directivos no querían relacionarse con ella. Les interesaba mucho más el suelo del ascensor. Margaret los empujaba fuera de su zona de confort.

«¿Qué tiene de interesante el suelo?», les preguntó. «¿Por qué la gente no habla en los ascensores? Hablemos. Cuéntenme algo sobre ustedes.» Se expresaba de manera jocosa, pero amable. Yo me sentí muy incómodo, de todos modos. Sus palabras también iban dirigidas a mí, aparte de a los hombres de gris.

Sin embargo, cuando llegamos a la planta, esos hombres se habían distendido. Uno de ellos se aflojó la corbata al salir, con el rostro ruborizado. Los dos sonreían cuando salieron del ascensor. Tarea cumplida, en lo que respectaba a Margaret. Juraría que se habían divertido en el ascensor. Fue inesperado, pero resultó un soplo de aire fresco.

Fue una lección para mí también. Si no hubiera sido por Margaret, yo también habría recorrido ese trayecto a lo largo de unas treinta plantas mirando al suelo. ¿Y por qué? ¡Me habría sentido cohibido!, ¡avergonzado! Preocupado por no saber qué decir. Pensando que la gente no querría relacionarse conmigo. Dando por sentado que la gente querría que me ocupara de mis asuntos. Sintiéndome vulnerable. Sintiendo que no tenía nada que contar. Sintiendo vergüenza. Y así podría seguir. ¿Reconoces haber sentido lo mismo?

A pesar de que las oportunidades para conectar se nos presentan continuamente, nos retraemos pensando que si somos tal cual no nos aceptarán. Sin embargo, la conexión es una necesidad biológica. ¿Qué está pasando?

Podemos presentar la situación en forma de una ecuación:

**Reteniendo facetas de mi persona = Tendré contactos
= Sabré que soy lo bastante bueno.**

La realidad es:

Reteniendo facetas de mi persona = La verdadera conexión no es posible = Refuerzo la idea de que no soy lo bastante bueno.

Aquí subyace la solución simple. Realmente es simple.

Sal y conecta con la gente. ¡Y conecta contigo mismo!

Margaret me enseñó a interactuar con la gente a propósito. Y eso representó un cambio importante en mi vida. Cuando me siento solo, no me dedico a darle vueltas a esa sensación. Salgo y conecto con la gente. He tenido varias depresiones en mi vida. Y la conexión me sacó de ellas. Te devuelve a la vida cuando lo haces. Y también lo hace con los demás.

Por consiguiente, no esperes que las conexiones te salgan al paso. Habla con la gente. Interactúa con la gente en las tiendas, en los supermercados, en la calle. Habla con los vecinos. Habla con el cartero. Conoce a gente. Únete a algún grupo o a un club. Preséntate de voluntario para alguna asociación de caridad. Asiste a clases a la universidad. Aprende a bailar. Aprende un idioma. Proponte la misión de conectar con la gente. Plantéate esa intención y sal a actuar. Y hazlo por ti mismo. Por tu yo auténtico. Si lo haces, empezarás a sentirte conectado.

Y como la conexión está conectada, por decirlo de alguna manera, con el estado de ser lo bastante bueno, también empezarás a comprender que lo eres.

En resumen, todos sentimos vergüenza. Es una emoción humana real. No sirve de nada intentar resistirse a ella, así como tampoco sirve de nada intentar resistirnos ocasionalmente a sentirnos desgraciados. Pero podemos aprender a volvernos resilientes frente a la vergüenza, así como podemos aprender a avanzar por el camino de la felicidad.

Aprendemos a ser resilientes frente a la vergüenza comprendiendo en primer lugar que no estamos solos cuando sentimos vergüenza. Parte del sufrimiento de la vergüenza es creer que es algo personal.

El segundo paso es aprender a desprenderse del «Yo soy»; a separar nuestra identidad de nuestras acciones. Por ejemplo, podemos cambiar la frase «Yo soy estúpido» por «Hice una estupidez». Este simple giro da paso a la esperanza, porque nos alejamos del sentimiento de que fundamentalmente tenemos defectos, y acariciamos la idea de poder identificar el comportamiento que puede cambiarse.

El tercer paso recurre a un pequeño truco de la neurociencia para desviar los recursos cerebrales en momentos de vergüenza hacia las zonas que están asociadas a emociones positivas. En otras palabras, ¡baila!

El cuarto paso de la resiliencia frente a la vergüenza es abrirnos y conectar con la gente con honestidad y sinceridad. Es lo que da a la conexión (y al amor por uno mismo) la oportunidad de crecer.

Capítulo 7

La imagen corporal

> «La razón de que luchemos con la inseguridad es porque nos comparamos estando entre bambalinas con los momentos brillantes de los demás.»
>
> STEVE FURTICK

«Solo puedo ser feliz si acepto mi aspecto a partir de ahora.»

Esas fueron las palabras de una joven que asistió a uno de mis talleres «I ♥ Me». Habló de la presión que sienten muchas mujeres para estar delgadas, tener la tez clara y unas caderas finas. Comentó que la presión aportaba insatisfacción.

«Aceptar mi aspecto es mi única esperanza», explicó. «Nunca seré así, por eso no tiene ningún sentido que lo intente. Si lo hago, solo conseguiré ser más infeliz con mi imagen.»

Sus palabras fueron acogidas con gestos de asentimiento por parte de los participantes del taller. Uno de ellos la animó diciéndole que era hermosa tal como era.

«No entendéis lo que quiero decir», contestó. «No necesito preocuparme de si soy hermosa o no. Quiero gustarme tal como soy.»

¿Te suenan estas palabras? Es algo que todos queremos: gustarnos (ni siquiera amarnos, solo gustarnos) tal como somos. Nos sentiríamos libres.

«¿Cómo lo hacemos? ¿Cómo llegamos a ese punto cuando el resto del mundo nos dice que somos distintos? Yo soy gorda», dijo otra mujer abriendo los brazos y señalándose la cintura con los dedos. «Todos sabemos que esto no es bonito.»

Alguien dijo: «Has de descubrir lo que tienes de hermoso».

La mujer se puso muy emotiva. Le resultaba imposible encontrar algo bello en sí misma.

Y este sentimiento es muy común. He conocido a mucha gente que se sentía incapaz de descubrir algo que les gustara de sí mismos.

Desde esta perspectiva, aprender a amarte a ti mismo se percibe como si uno tuviera que ascender a una montaña, pero como en todas las montañas, la ascensión comienza dando pasos. En este capítulo, me gustaría ofrecerte algunos pasos que podrían ayudarte a cambiar lo que sientes acerca de tu imagen corporal.

Ama tu propia piel

La inmensa mayoría de mujeres ha seguido alguna dieta. Un estudio británico estimó que esa cifra es un 87 por ciento aproximadamente de la población femenina.[1] Yo tengo tres hermanas, y todas ellas, así como también mi madre, han seguido una dieta en numerosas ocasiones. Cuando se les pregunta, la mayoría de las mujeres dicen que lo han hecho para estar delgadas y aumentar la confianza en sí mismas y su autoestima. Esa es la razón que también da mi madre.

La imagen corporal de hecho es el Punto Vergonzante Número Uno. Tanto si se trata del peso, de la forma, de los muslos, del vientre, del tamaño del pecho (en las mujeres), del tamaño del pene (en los hombres), del vello corporal, de la calvicie (en los hombres), de manchas en la piel o de cualquier otra cosa, la mayoría se siente cohibida o insegura y desea cambiar al menos una parte de su cuerpo.

No resultará sorprendente saber que la vergüenza respecto a la imagen corporal desempeña un papel en los trastornos alimentarios. En un estudio de 2014, los investigadores compararon a 46 personas que padecían trastornos alimentarios con 50 participantes que gozaban de buena salud y otras 22 personas que se habían recuperado de un trastorno alimentario. Los que tenían esta clase de trastorno resultaron tener un nivel muy elevado de vergüenza.[2]

La vergüenza también era más elevada en las personas que se habían recuperado de un trastorno alimentario, hecho que podría sugerir que fuera lo que fuese lo que habían logrado recuperar, no habían tratado con el tema de la vergüenza. Es la misma razón por la que la gente hace dietas yoyó. Mientras que una dieta puede ayudarnos a perder peso, si no se trabajan los temas de la vergüenza y la valía personal, siempre cabe la posibilidad de que volvamos a recuperar el peso.

Aprender a amarse a uno mismo implica aprender a estar cómodos con nosotros mismos tal y como somos. No significa que no queramos cambiar. El cambio es natural. El amarse a uno mismo, de hecho, en general inspira un cambio positivo y saludable.

Mi compañera, Elizabeth Caproni, es actriz y directora de cine. Conoce muy bien las presiones a que están sometidas las mujeres y participó en un concurso para promocionar una imagen corporal positiva que formaba parte de una campaña titulada «Habladurías corporales», creado por la actriz y titiritera Ruth Rogers.

El breve monólogo/poema de Elizabeth trata de la transición que va desde el «No soy lo bastante bueno» pasando por el «Ya basta» hasta llegar al «Soy lo bastante bueno». Trata de sentirte cómodo contigo mismo. El poema fue uno de los ganadores y lo interpretaron personajes famosos ante diversos públicos de Gran

Bretaña, entre los asistentes estaba la duquesa de Cornualles, la esposa del Príncipe Carlos. Puedes encontrar el recital a cargo de estas celebridades británicas en YouTube.[3]

Este es el poema:

MUCHO CHOCOLATE, SÍ, SÍ, POR FAVOR

Sí, tomaré un descafeinado extra fino con mucho chocolate, ¡hurra!
¡Mi cintura será más pequeña para acentuar mi pechuga!

Mira, es la única parte de mí que luzco bien grande.
Si no, la prensa se cebará en mí y me llamará gigante.

Me han colgado en Internet, en vacaciones tomando el sol,
Y han proclamado al mundo, ¡Ja, mira, un culo… por dos!

En un estado lamentable al gimnasio me fui corriendo,
Y supliqué a mi entrenador: «¡Quiero ser delgada!»

Durante las dos semanas siguientes trabajé muy duro.
Culo, muslos y abdominales tonificar fue duro.

Los lácteos se convirtieron en soja, y el bistec en pescado.
Los kilos iban bajando, ¡se cumplían mis deseos de paso!

Le dije mi entrenador: «¡Eres un sol!»
He bajado tres tallas, ¡Tengo la pequeña, por Dios!

Sintiéndome en las nubes, asistí a una première,
esperando que la prensa dijera: «Guau, vaya derrière*!»*

Pero en cambio esto es lo que leí en un pasmo:
«Un rastrillo parece, y la cabeza, un chupa-chup».

Asombrada y confundida, pensé: «¿Qué querrá de mí la
prensa?
Pensaba que me alabarían por parecer delgada y esbelta».

Y vaya que sí... Me han puesto a caldo. Ahora gorda, ahora
delgada...
Bueno, me rindo... No sé cómo ganar la jugada.

Ahora las jovencitas se matan de hambre para parecerse a mí
tras ver mis fotografías retocadas... Si me preguntaran a mí...

Sabrían que, como ellas, tengo manchas, bultos y
protuberancias.
Ay, si pudieran verlo...

Las cosas podrían cambiar y libres nos dejarían ser.
Sin dietas peligrosas, sin matarnos de hambre, tan solo ser.

Con la talla que tenemos, al natural.
De cerca y de lejos, para admirarnos tal cual.

Dicen que la belleza está en el ojo del espectador,
deberíamos creerlo, sin mirar altivas
a quien es más delgada y bonita, con los huesos salidos.
¡Es hora de tomar posiciones, de los fantasmas me despido!

¿Cuándo seremos felices con lo que vemos en el espejo?
Somos hermosas; ¡basta ya... si parecemos pellejos!

Mira, olvida lo que he pedido. ¡Tomaré un café con mucha
leche y un pastel de zanahoria!

Una dieta saludable y equilibrada con algún caprichito.
Es lo que hemos de hacer; ¡es lo que yo conquisto!

¿Qué pasa si tengo hoyuelos en los muslos?
Ya es hora de que las revistas dejen de publicar bulos.

Me planto y estoy contenta, no solo delgada.
Satisfecha en mi piel, me siento colmada.

¿Uno más del montón o un soldado raso?

A pesar de que casi todo este capítulo está dedicado a las mujeres, los hombres experimentan presiones similares. Solo que no es tan obvio ni se habla tanto de ello.

Los modelos musculosos abundan en los anuncios de hombres. Y entre la década de 1970 y el 2000, el póster central masculino de *Playgirl* ganó casi doce kilos de músculo y perdió unos cinco de grasa.[4]

Así como las mujeres y las chicas se ponen a dieta, un creciente número de hombres y de chicos han emprendido la acción en dirección contraria. En 2014, el Ministerio del Interior de Gran Bretaña informó de que el uso de los esteroides está tan extendido que estiman que unas 60.000 personas en el Reino Unido se inyectan esteroides cada año.[5] Los estudios nos demuestran que un gran número de adolescentes están tomando esteroides porque creen que son esmirriados. Así como las mujeres se comparan con las imágenes ideales de las revistas, también lo hacen los muchachos, y como resultado, sienten la presión de tener músculo.

Sin embargo, lo que subyace a la cuestión, tanto para las chicas como para los chicos, es la presión por ser lo que consideran que es atractivo, y así poder conectarse y tener un sentido de pertenencia. Les parece que las chicas delgadas y guapas y los chicos tonificados y musculosos son lo habitual, y que eso es lo que todos quieren ver. Si consiguen la talla deseada, gustarán a los demás, serán aceptados y, en último término, sentirán que son lo bastante buenos. Mientras tanto, pueden llegar a estresarse hasta el punto de terminar ignorando lo que les conviene y ver solo lo que consideran defectos. Lo sé de buena tinta, y lo he sabido desde la adolescencia.

A principios de la década de 1980, tener pelo era el no va más para los chicos. Los ídolos de mi adolescencia eran Morten Harket, de la banda sueca A-Ha, y Jason Donovan, que en esa época era un actor del culebrón australiano *Neighbours*, en el que también actuaba Kylie Minogue. Los dos tenían el cabello muy bien cuidado, con la raya en medio, corto por delante y largo por detrás, unos tres o cuatro centímetros de más, solo que con el pelo liso.

Pasé horas intentando que mi pelo se pareciera al de ellos. Y cuando no me quedaba perfecto, me agobiaba. Si la parte de delante no quedaba tal como debía, incluso caminaba por la escuela con la cabeza gacha para rebajar el riesgo de que la gente se diera cuenta o para evitar el contacto visual, con la esperanza de que nadie me viera pasar. Solo veía lo que estaba mal, y no entendía lo que tenía. Ahora llamamos a eso dismorfia corporal, aunque en general se relaciona con el tamaño corporal y la forma, no con el pelo.

Aunque las actuales presiones son distintas de las de la década de 1980, el tema no ha cambiado. Los jóvenes y los hombres, así como las jóvenes y las mujeres, determinan su valía personal en función de su imagen corporal, y creen que si no tienen un determinado aspecto no gustarán a los demás, no serán queridos, no llamarán la atención o no los aceptarán.

Sé un hombre

Como hombre puedo decir también que nosotros vivimos otra presión menos obvia. Necesitamos considerarnos fuertes, no solo en lo que se refiere al músculo, sino emocionalmente. Necesitamos encarnar ese «Sé un hombre» cada vez que la situación lo requiera.

Esta presión nos conduce a comportarnos como unos presuntuosos. En caso contrario, nos pondríamos a comparar lo que mide nuestro pene. Lo cierto es que nos sentimos débiles la mayor parte del tiempo. Y para algunos esa es casi siempre la norma. Nos sentimos débiles por muchas cosas. Tenemos miedo, aunque sentimos que no deberíamos tenerlo; a veces nos sentimos mal porque nos vemos incapaces de proveer, a veces nos sentimos inferiores en lo que respecta a nuestra actuación sexual, sobre todo si sabemos que nuestra esposa o nuestra compañera han estado con otros hombres antes. También nos preocupa no tener un buen tono físico, o que no se nos vea arreglados, sobre todo cuando nos comparamos con otros hombres y constatamos que a las mujeres les gustan de una determinada manera.

A riesgo de romper el espejismo de las mujeres que dicen que creen que los hombres son por naturaleza fuertes, muchos lloran de vez en cuando. Nunca lo admitiríamos, desde luego, y menos ante ellas, por no hablar de admitirlo ante otros hombres. Por supuesto, aunque sea un hombre, comprenderéis que no estoy hablando de mí mismo. Solo hablo de lo que he leído por ahí. Ejem…

No conozco a ningún hombre que en una primera cita diga: «Mira, anoche lloré y me quedé tan a gusto… Guau, qué bien me fue». Tenemos miedo de que la chica con la que nos hemos citado nos deje plantados y pare el primer taxi que pase.

Sin embargo las emociones son tan naturales para los hombres como para las mujeres. Hay hombres que las niegan, pero eso tiene consecuencias. O bien las silencian y viven sintiendo que esa parte de sí mismos está muerta o está muriendo, o bien las emociones afloran de vez en cuando, y entonces esos hombres se comportan de manera errática o estúpida, a veces incluso adoptando comportamientos de acoso o maltrato. La agresión ayuda a reprimir la emoción.

En resumen, sentimos que hemos de satisfacer las expectativas de un determinado estereotipo. El de alguien que es fuerte, tiene un buen tono físico, es educado, controla sus emociones, sexualmente es dinamita y trae el pan a casa.

Para los hombres una parte de amarse a uno mismo es aceptarse tal como uno es, completamente, y no solo por su aspecto. Eso no significa que nunca vayamos a querer cambiar. De hecho, amarse a uno mismo en general inspira un cambio creativo.

Y eso conduce a…

¿Deberías ponerte a dieta?

La dieta contribuye a que las personas se vean de manera distinta. Y muchas personas se ven muchísimo mejor con su nueva imagen. Pero si imaginamos que solo seremos lo suficientemente buenos cuando perdamos unos determinados kilos o podamos ponernos una talla en concreto, estaremos diciendo que no somos lo bastante buenos ahora, en este momento. Y aquí es donde yace el problema.

Mientras digamos que no somos lo bastante buenos en este momento, las acciones que emprendamos a continuación conllevarán la idea de que no lo somos. Por eso, cuando estamos a dieta, aunque habrá semanas en que bajaremos de peso a fuerza de voluntad, la creencia de que no somos lo bastante buenos pesará tanto que probablemente recuperaremos los kilos otra vez. Cada vez que progresamos, una goma elástica nos lleva hacia atrás; sentimos la urgencia irresistible de comer pastel, el pensamiento de tomar un tentempié solo por una vez o incluso de encontrarnos en compañía de personas que preferirían vernos comer como antes. Después de todo, se han acostumbrado a eso.

Si alcanzamos nuestro peso ideal porque nuestra motivación era que no nos queríamos demasiado, el nuevo peso no solucionará el problema. El sentimiento de no ser lo bastante bueno en general se encuentra tan arraigado en nosotros que cambiar de aspecto es como ponerse una tirita que saltará cuando entremos en la ducha.

Para afianzar la pérdida de peso, necesitamos reconectar nuestro cerebro con la frase «¡Soy lo bastante bueno… ya!»

Muchas mujeres se resisten a trabajar en su autoestima, sin embargo, porque temen abandonarse físicamente. Y eso representa una auténtica preocupación para algunas mujeres que asisten a los talleres de «I ♥ Me».

Sin embargo, la cuestión es que amarte a ti misma no te impide seguir una dieta. No te sentirás satisfecha con tu cuerpo de repente, hasta el punto de no importarte lo que los demás piensen de ti y puedas abalanzarte sobre los pasteles y el queso. Podría suceder en algún caso, pero es más probable que eso sea un efecto a corto plazo de la etapa en que decimos «basta».

A medida que te sitúes en el «Soy lo bastante bueno», tendrás muchas más probabilidades de seguir una dieta. Pero lo harás por distintas razones. Lo harás porque estás motivado para realizar elecciones saludables. Parece lo mismo, ¡pero es completamente distinto!

Cuatro pasos para sentirte mejor con tu imagen corporal

Te mostraré cuatro pasos para ayudarte a sentirte mejor con tu imagen corporal y aceptarte tal como eres.

Paso 1: ¡Decide llegar allí!

Decide que vas a aprender a gustarte tal como eres.

El hecho de que tomes la decisión no significa que te sitúes en ese punto de inmediato. No te engañes. Eso solo te indica la dirección.

Tampoco quiere decir que quieras quedarte como estás. Eso podría ser un obstáculo para ciertas personas, tal como hemos visto, que creen que si se aceptan como son no perderán peso. Y es tal el deseo de perder peso que eso les impide aceptarse. Sin embargo, la aceptación provoca un cambio espontáneo. Es lo que llamo la paradoja de la aceptación.

La paradoja de la aceptación es que cuando se consigue, lo que aceptas empieza a cambiar. De manera natural. La aceptación completa provoca un cambio espontáneo. A menudo eso conduce a un deseo espontáneo de tener salud o de comprometerse a comportarse de una manera que te haga ser más feliz.

También significa que cualquier cambio se originará a partir del estado de «Soy lo bastante bueno», en lugar del estado que afirma «No soy lo bastante bueno».

Paso 2: Comprende que las opiniones son subjetivas

Todos vivimos bajo mucha presión para adaptarnos a las últimas tendencias, para obligar a nuestro cuerpo a adelgazar y a no mostrar ningún signo visible de envejecimiento. Para ser atractivos, en pocas palabras.

Sin embargo, las opiniones son subjetivas. Y cambian. Las opiniones sobre lo que es atractivo son tan mudables como el tiempo en Escocia. Hasta el siglo xx la mujer ideal era rellenita. Se puede adivinar mirando las siluetas más comunes que reflejan las pinturas de mujeres desnudas o semidesnudas de los siglos xviii y xix. Estar rellenita era atractivo. Estar rellenita era sexy. Una mujer rellenita se sentiría bien consigo misma. Tendría la sensación de que podría andar por la calle con la cabeza bien alta sabiendo que los hombres se volverían a su paso.

Pero si esa mujer viviera hoy en día, podría sentirse deprimida. Sin duda estaría muy cohibida por su peso. Miraría a las mujeres que se consideran atractivas, sobre todo en las revistas y en la publicidad, y se compararía con ellas. Se sentiría fea. No llevaría la cabeza tan alta cuando caminara por la calle. Quizá vestiría con pantalones en lugar de faldas, porque le daría vergüenza mostrar las piernas.

En la década de 1920, las medidas promedio de la ganadora de Miss America eran 32-25-35. En la década de 1930, 34-25-35, con un promedio de dos centímetros más de pecho. Las medidas eran 35-25-35, más pecho aún, en los años cuarenta. La ganadora de 1920 no habría llegado siquiera a las finales en los años cuarenta. En los cincuenta, el tamaño del pecho y la cadera aumentó, y la talla de la cintura disminuyó. Las medidas promedio eran 36-23-36.[6]

¿Había cambiado la talla de la mujer en ese corto período de tiempo? ¡La evolución no es tan rápida! Lo que cambió fue la opinión general a raíz de las influencias de la moda, la publicidad y el prototipo de actriz de cine.

El punto de vista de los años veinte sobre la mujer ideal recibió la influencia de la moda *flapper*, que casualmente fue el producto de las primeras revistas que se editaron en masa y que recurrían a fotografías de modelos, en lugar de reproducir dibujos a mano. Las modelos se elegían en función de que la ropa les quedara como si estuviera colgada en una percha. Si adelantamos el reloj hasta 1950, veremos que la gran estrella de la época fue Marilyn Monroe. Consecuentemente, la mayoría de ganadoras del título de Miss America tenían la misma talla que ella.

Desde la década de 1990, el ideal popular de belleza ha sido la modelo delgada y la heroína chic. Algunos sociólogos creen que eso desempeñó un papel significativo en el gran aumento de trastornos alimentarios en muchachas y mujeres.

Y por si eso fuera poco, en la actualidad la mayoría de imágenes publicitarias están retocadas. Es decir, que no solo tienes que ser delgada, sino que hay que tener una piel inmaculada y, ¡ah, eso sí!, ni un gramo de celulitis.

El problema es que todos terminamos sufriendo con la comparación. Las investigaciones demuestran con claridad que, cuando las mujeres ven fotografías de otras mujeres en los anuncios y en los medios de comunicación, se sienten insatisfechas con su propio cuerpo y les baja la autoestima.

Por ejemplo, en un estudio de 2009, 299 chicas francesas e italianas de una edad promedio de veinte años vieron imágenes «idealizadas» de mujeres hermosas en varias revistas y luego confesaron sentirse insatisfechas con su cuerpo.[7] Centenares de estudios similares llegan a la misma conclusión.

Y el lugar donde vives también importa. En algunos países, en Mauritania, por ejemplo, las mujeres grandes se consideran hermosas. Y se las anima a que aumenten de peso. Si una modelo de talla cero viviera allí sería considerada la persona menos atractiva del pueblo.

Nuestras mentes reciben la influencia diaria de lo que resulta atractivo. En un estudio de 2014, unos voluntarios vieron imágenes de varias modelos de talla grande, y otros, imágenes de modelos con un peso inferior al normal durante tan solo un minuto. Luego les mostraron imágenes de mujeres de distintas tallas. Los que habían visto los modelos de talla grande encontraron que el índice de masa corporal de 18,4 era el más atractivo, pero los que vieron las modelos de poco peso prefirieron un índice de 16,9.[8]

La cuestión no es el índice de masa corporal en sí, sino la diferencia entre los índices que resultan atractivos. Lo que nos muestran en los periódicos y las revistas, en las vallas publicitarias y en Internet, nos condiciona a considerar hermosos tan solo ciertas tallas y aspectos. La misma persona podría ser bella una semana, fea a la siguiente y volver a ser bonita, todo en función de lo que hayamos visto en los medios de comunicación durante ese lapso de tiempo. Podríamos pensar que controlamos nuestras mentes, pero en realidad reciben más influencias de lo que pensamos.

Llegar a la conclusión de que las opiniones son subjetivas es importante. Nos libera de tener que vincular la valía propia a nuestra imagen corporal.

EL GIMNASIO DEL AMOR POR UNO MISMO: Convénceme de que las opiniones son subjetivas y cambian

Como ejercicio, escribe unos cuantos párrafos como si estuvieras enseñando a otro que las opiniones son subjetivas y cambian. Escribe una página si lo prefieres; de ti depende. Haz lo que te convenga para tener las ideas claras.

Para empezar, ¿por qué no vuelves a leer la sección de arriba, destacas los fragmentos que te parezcan más interesantes y tomas notas? Incluso puedes investigar en Internet si te sientes motivado. Con las notas a mano, escribe como si estuvieras exponiendo un caso. Incluso puede que descubras que va muy bien hablar del tema con un amigo.

A menudo recurro a ejercicios como estos. Son muy poderosos. Cuando enseñas a alguien lo que has aprendido, te aporta nuevos puntos de vista y comprendes mejor el tema.

Paso 3: Permítete ser un pez fuera del agua

Y ahora que ya sabes que las opiniones son subjetivas y cambian, no necesitarás intentar ser como los demás. Optar por ser auténtico contigo mismo (que puede diferir de cómo son los demás) puede convertirse en la afirmación que diga que eres lo bastante bueno. ¡Celebra que eres único!

EL GIMNASIO DEL AMOR POR UNO MISMO:
Celebra que eres único

♦ Escribe cómo el hecho de compararte a los demás ha afectado, y está afectando a tu felicidad, tu salud y tus sentimientos de valía personal.

♦ A continuación escribe cómo podría ser distinta tu vida si dejaras de compararte con los demás y empezaras a aceptarte como eres en realidad. Por ejemplo, si compararte con los demás te hace sentir inseguro, ¿cómo crees que te sentirías si dejaras de hacerlo? ¿Te sentirías más seguro? ¿Cómo afectaría eso a tus relaciones, a tu profesión, a tu salud, a tus finanzas, etcétera?

♦ Toma la decisión de ser tu único yo. Inténtalo durante un día. Ponte lo que te apetezca llevar. Sé franco. Sé tú mismo como afirmación viviente de que eres lo bastante bueno.

Paso 4: Céntrate en lo que te gusta de ti mismo

Una chica que asistía a uno de mis talleres compartió este ejercicio conmigo. Fue creado para japonesas con baja autoestima y, en general, mejoraron, porque pasaron de tener una baja autoestima a tener una autoestima saludable. También se demostró que era efectivo en diversos estudios.

 EL GIMNASIO DEL AMOR POR UNO MISMO:
¿Qué te gusta de ti mismo?

◆   Elige tres partes de tu cuerpo que te gusten. A lo mejor es tu pelo. O quizá sean tus pies. O cualquier otra parte o rasgo. Quizá sea tu voz, o tus ojos, o tu piel.

◆   Céntrate en estas tres partes cada día durante una semana. Puede que te apetezca acentuarlas, o quizá te permitas reflexionar sobre lo que te gusta. No importa lo que hayas elegido, sigue adelante. La regularidad de centrarse en estas partes de tu cuerpo es lo que convierte el ejercicio en algo tan poderoso.

Te presento a continuación un resumen de los cuatro pasos que hay que hacer para sentirse mejor con la imagen corporal:

1. ¡Decide llegar allí!
2. Comprende que las opiniones son subjetivas y cambian.
3. Permítete ser un pez fuera del agua.
4. Céntrate en lo que te gusta de ti mismo.

Como ocurre con muchos de los ejercicios que plantea este libro, hay que trabajar como quien va al gimnasio: los mayores logros sobrevienen cuando uno es persistente. Con la imagen corporal, eso significa analizar tus reacciones a las preguntas en distintas ocasiones, e incluso añadir algo nuevo cada vez.

Algunos necesitaréis hacer más repeticiones del ejercicio que otros. Quizá tengas que hacer un ejercicio tres veces por semana durante un par semanas para conseguir mejoras. Pero, como ocurre con la gimnasia física, siempre vale la pena esforzarse.

En resumen, la mayoría nos sentimos desgraciados por algún aspecto de nuestro cuerpo; tanto si se trata del peso, la figura, la piel, la celulitis, la nariz, los dientes, el pelo, el tamaño del pecho (en las mujeres) o el tamaño del pene (en los hombres). Todo eso provoca la creencia inconsciente de que necesitamos ser mejores (más atractivos) para que nos acepten. Pero las opiniones sobre lo que es perfecto son subjetivas y cambian. De hecho, una figura «ideal» de hace cien años hoy en día tendría sobrepeso. Y, en la actualidad, una persona con sobrepeso en ciertos países sería considerada esbelta.

Hay cuatro pasos poderosos que puedes emprender para sentirte mejor con tu imagen corporal y aceptarte tal como eres.

Hay personas que se enfrentan a un dilema cuando se trata de aceptarse como son. Por eso quieren cambiar el hecho de que no quieren aceptarse. Pero aceptarte es una parte importante del amor por ti mismo. Aquí es donde la paradoja de la aceptación se inicia: una vez que llega la aceptación, aquello que has aceptado empieza a cambiar.

La aceptación de uno mismo en general alumbra el cambio inspirado y creativo, y lo hace desde el «Soy lo bastante bueno», en lugar del «No soy lo bastante bueno».

Capítulo 8

La vulnerabilidad

«Ser profundamente amado te da fuerza, mientras
que amar a alguien profundamente te da valor.»

LAO-TSÉ

Conocí a un indigente en Londres un domingo a primera hora de
la mañana. Mantuvimos una breve charla que me dejó impresionado.

Había salido del hotel con la intención de dirigirme a la estación de King's Cross y tomar el tren de vuelta a Escocia cuando
pasé junto a un hombre que estaba en la calle. Llevaba lo que me
pareció que eran todas sus pertenencias en varias bolsas de com-
pra, dos o tres en cada mano. Parecía muy cansado y triste, y caminaba despacio.

Seguí avanzando, pero una parte de mí no podía olvidarle.
Cuando llegué a la esquina, vi una cafetería y me fijé en su interior. La gente estaba sentada, calentita, protegida de los rigo-
res del frío. Pensé en entrar y comprar un café. Mientras estaba
de pie, a punto de abrir la puerta, volví la vista atrás y vi a ese
hombre cruzar la calle arrastrando los pies. Me sentí como si
estuviera mirando dos escaparates a la vez. En uno de ellos se
reflejaba la calidez de la cafetería y el sabor del café recién mo-
lido, y en el otro estaba el indigente, solo, en esa fría y húmeda

mañana de domingo, sin ningún lugar a donde ir para resguar-
darse.

Di la vuelta. Crucé la calle y lo vi sentado en el umbral de una
tienda. Pensé que tendría unos sesenta años, pero al acercarme
comprobé que tendría mi misma edad, solo que parecía más viejo
por la acción de la soledad y el frío. Le metí en la mano un billete
de diez libras. Y lo que sucedió a continuación dejó huella en mí.

Mirándome, me hizo la señal de la cruz con la mano. No dijo
nada, pero no era necesario: nunca he visto tanta gratitud en los
ojos de una persona. Tenía unos ojos azules y penetrantes, que
me recordaron a los de ese Jesús de Nazaret de la película que se
titula así. En ese momento me pareció sagrado, completamente
vulnerable, especial. Y yo me sentí avergonzado e insignificante.
¿Hubiera tenido que darle más dinero?

Me di cuenta de que se veía inferior a mí. No solo yo, sino
también el resto de los transeúntes, podíamos elegir entre darle
dinero o comida, lo que nos pareciera más apropiado, y de alguna
manera éramos dueños de decidir su destino.

Me alejé reprimiendo las lágrimas. No, tú no eres inferior a
mí. ¡Tú no eres inferior a nadie! Tienes derecho a ser feliz.

Recé una oración por él y me lo imaginé descubriendo su
valía y encontrando la felicidad. Eso me hizo sentir un poco mejor, aunque seguía deseando poder volver a verle y hacer algo
más por él.

Cuando mostramos nuestra vulnerabilidad, los demás ven
nuestra grandeza. Mientras me mezclaba entre la multitud sin
mostrarme, escondiéndome entre centenares de personas que se-
guían adelante con su vida, muchos incluso fingiendo, me sentí
insignificante y débil. En ese simple intercambio, el indigente sin
duda resultaba mejor parado.

Ya ves, he llegado a medir la grandeza en función de la valentía de saber desnudar el alma. Él me mostró la suya. Yo oculté la

mía tras la cartera y mi ropa buena. Elegí no mostrar ninguna emoción mientras le ofrecía esa pequeña cantidad. Elegí no decir nada. Sencillamente sonreí, le rocé la mano, me levanté y me alejé. Él se mostró completamente abierto. Creo que por eso me hizo bajar tanto la guardia. Era completamente vulnerable. No fingía en absoluto, era auténtico al cien por cien. En ese momento, *era lo bastante bueno*. Yo no.

Es difícil no quedarte impresionado profundamente cuando alguien te muestra su yo auténtico y su vulnerabilidad, sobre todo cuando su lugar es tan distinto del tuyo propio. Estamos tan poco acostumbrados que, cuando eso sucede, prácticamente nos caemos al suelo de la impresión. Pero la vulnerabilidad es la puerta que nos conduce al amor, a la amistad y a las relaciones duraderas. Es el umbral que nos lleva a la sensación de conexión y pertenencia. Es la puerta a *ser lo bastante bueno*.

La autenticidad y la vulnerabilidad del indigente me afectaron tanto que sigo sintiéndome conectado a él. Eso es lo que me ha movido a escribir esta historia en el libro. A pesar de que quizá nunca volvamos a vernos, estaremos conectados para siempre. Su vulnerabilidad lo hizo posible.

También logró que su alma tocara las vidas de las innumerables personas que lean este libro. Ese es el poder de la vulnerabilidad.

El poder de la vulnerabilidad

Ser vulnerable no significa que tengamos que ser un libro abierto y desnudar nuestra alma ante las personas con quienes nos crucemos. Pero nos invita a bajar la guardia.

Y tiene que ser algo auténtico. Hay personas que se abren para llamar la atención, pero lo hacen para gustar a los demás. Esa no es la auténtica vulnerabilidad. La auténtica vulnerabilidad solo puede ser auténtica. Si no lo es, no es vulnerable. Todos podemos entender la diferencia.

La vulnerabilidad exige honestidad con nosotros mismos. Requiere valor. Pero ese valor dice «Soy lo bastante bueno».

Sin duda puede ser algo aterrador. Estamos diciendo «Esto es lo que soy. No importa si me aceptas o no. Aquí estoy de todos modos». Además, con el agravante de que no nos acepten. Pero cuando somos sinceros con nosotros mismos, en realidad eso no importa. En esos momentos mágicos, en nuestro interior sabemos que basta con ser fieles a nosotros mismos.

La autenticidad y la vulnerabilidad se identifican con el ser lo bastante bueno. No necesitamos escondernos, no vaya a ser que alguien vea nuestro auténtico yo. Y mostrar a los demás quienes somos es el camino a la conexión.

Por supuesto eso significa ser honesto con nosotros mismos. Significa aceptar nuestras imperfecciones y no ocultarlas. Significa ser honesto con los demás. Significa no echarse atrás. Mostrar nuestros sentimientos. Significa arriesgarse al rechazo. Salir de nuestra zona de confort. Significa ser vulnerable.

Mostramos nuestra vulnerabilidad cuando escribimos, construimos, creamos un producto o actuamos y presentamos al mundo lo que hemos creado para que la gente lo vea, sabiendo que a lo mejor no les gusta… o no les gustamos nosotros.

Somos vulnerables cuando hemos de mantener conversaciones difíciles con nuestra pareja, nuestros hijos o nuestros colaboradores.

Somos vulnerables cuando empezamos a tener relaciones sexuales sabiendo que podríamos ser rechazados.

Somos especialmente vulnerables cuando elegimos amar a alguien, a pesar de saber que podrían herirnos.

La vulnerabilidad es pedirle a nuestro jefe lo que necesitamos, aun cuando pueda decirnos que no.

Es admitir que tenemos miedo, sabiendo que las personas podrían pensar que somos débiles.

Es ser honesto y reconocer que estamos tristes cuando los demás esperan que seamos felices.

Una parte de la vulnerabilidad personal que reflejo en este libro es compartir algunas de mis propias debilidades. Cuando has escrito siete libros en el campo de la autoayuda, la gente espera que seas sabio, que poseas todas las respuestas y carezcas de problemas personales. Cuando empecé a escribir este libro, pensé que la gente me preguntaría: «¿Cómo puede alguien con dificultades personales escribir un libro de autoayuda?» Temía que no me tuvieran en la misma estima que antes. Quizá dejarían de venir a mis conferencias porque pensarían que no estaba tan «sanado» como los otros ponentes. Incluso tenía miedo de no tener nada significativo que decir y que nadie quisiera leer un libro para amarse a uno mismo que hubiera escrito un hombre.

Esas eran las cosas (los riesgos, supongo) que me rondaban por la cabeza. Pero en realidad siento alivio cuando empiezo a dejar que el público se entere de los topetazos que me he dado en esta vida, cómo he tenido que buscar mi camino en la oscuridad y cómo me he esforzado y sigo esforzándome.

Lo que no me esperaba era que las personas me dijeran que valoraban mi honestidad y se habían vuelto más fuertes al saber que yo había tenido los mismos problemas que ellos. El público no disminuyó cuando la gente se dio cuenta de que yo no soy mejor que ellos, sino que ocurrió todo lo contrario. El público fue aumentando a medida que iba entendiendo que si yo puedo hacerlo, a pesar de mis desafíos, ellos también pueden. ¡Y tú también!

EL GIMNASIO DEL AMOR POR UNO MISMO:
Ama tu desafío personal

Antes he sugerido que amaras a tu *selfie* con independencia de cómo te sintieras. Aquí te presento un desafío para tu vulnerabilidad. Sácate algunos *selfis* durante esta semana que muestren no tu mejor cara, sino la peor.

Deja que tus *selfis* muestren cómo te sientes en realidad en tus momentos felices y en los tristes.

Compártelos en las redes sociales a través del hashtag#heartmyselfie o sencillamente #iheartme.

Ábrete, baja la guardia y deja que penetre la magia

El peor día de mi vida fue cuando la veterinaria nos dijo que *Oscar*, que entonces solo tenía veintidós meses, tenía cáncer de huesos (osteosarcoma), que no podíamos hacer nada y que, como mucho, le quedaban seis meses de vida. Podríamos alargarlo tres más si le amputábamos la pata, pero necesitábamos sopesar la situación y valorar la pérdida de calidad de vida.

Fue inesperado. La vida depara sinsabores de vez en cuando. No entraré en detalles. Sucedió recientemente. Si quieres leer más sobre el tema, he colocado una pequeña actualización en el epílogo.

El impacto inicial que la noticia tuvo en nosotros fue traumático. Pero también es una historia que nos permitió mostrarnos vulnerables y nos mostró la magia que dejas entrar en tu vida cuando así lo haces.

Elizabeth siempre ha sido una persona muy reservada. Nunca baja la guardia. Incluso cuando la acosaban en la escuela, nunca permitió que los matones la vieran asustada. Y cuando sus padres se enteraron y la inscribieron en otra escuela el año siguiente, nunca permitió que la vieran sufrir,

En todos los años que llevamos juntos, nunca he visto que Elizabeth contara a nadie, aparte de a la familia y los amigos íntimos, nada significativo de su vida, de sus auténticas esperanzas, de sus sueños, aspiraciones o, especialmente, de sus miedos. Y tampoco la he visto mostrar ninguna emoción.

El diagnóstico de *Oscar* lo cambió todo. Durante los días siguientes Elizabeth lloraba delante de personas que apenas conocía. Lloraba delante de las veterinarias, Shelley, Stephanie y Helen, y de la enfermera Louise. Lloraba por las calles cuando se lo contábamos a los vecinos y a los dueños de los perros con los que *Oscar* jugaba. Lloraba delante de personas que casi le resultaban desconocidas.

La magia fue que Elizabeth permitió que los demás se preocuparan por ella, y con eso creó una pequeña obertura a través de la cual invitaba a la gente a compartir su vida por primera vez. Durante el proceso ella también entró un poco en la vida de los otros. Les permitió empatizar y mostrarse compasivos, a veces con aspecto preocupado, a veces con una suave caricia o compartiendo el espacio y permitiéndole ser como necesitaba en ese momento. Les permitió que conectaran con ella.

La vulnerabilidad y la compasión invitan a que las relaciones ocupen un nuevo espacio. Ambas rompen con cualquier pretensión. Cuando mostramos compasión, somos nosotros mismos. Cuando sentimos el dolor ajeno, somos nosotros mismos. Cuando mostramos el nuestro, somos nosotros mismos.

Tuve una experiencia similar con Elizabeth. Cuando me enfrento a una dificultad repentina, tiendo a buscar la claridad y a centrarme. Es muy útil, en parte, porque tiendo a centrarme en buscar una solución y me muevo rápido para ponerla en práctica. La otra cara de la moneda es que me trago el sufrimiento. Cambiar de enfoque con tanta rapidez no significa que el dolor desaparezca. Solo que lo ignoro.

El día del diagnóstico, fui a ver a mis padres. Como les ocurre a muchas familias, no estamos acostumbrados a mostrar las emociones. Desde que era pequeño no he vuelto a mostrar ninguna emoción frente a mi padre. Pero ese día, cuando mamá me abrazó, lloré.

Al soltarme del abrazo de mi madre, miré a mi padre. Ambos desviamos la mirada al instante. No fue una decisión consciente, más bien una reacción refleja. Él no tenía palabras, y no sabía qué hacer.

Por lo general, cuando me marcho a casa, mamá viene a despedirme a la puerta y me da un abrazo. Papá suele decirme adiós desde su butaca. En esa ocasión, sin embargo, él también me acompañó a la puerta.

A la semana siguiente, durante la fiesta de cumpleaños de mi sobrina, que cumplía diecisiete, papá también vino a acompañarme a la puerta. Fue su manera de estar presente, y lo comprendí.

Aunque el gesto fue muy simple, dio una mayor profundidad y calidad a la relación que tengo con mi padre. Expresar mi dolor añadió una nueva dimensión a la relación que tengo con mi madre. Le daba a ella la oportunidad de que se comportara como mi madre y expresara su compasión, y yo podía volver a ser testigo de esa parte de ella que conocí de pequeño.

Las circunstancias a menudo nos obligan a ser vulnerables. Nos piden que avancemos, no para ser más fuertes en el sentido clásico, sino para desprendernos de todo fingimiento y quedarnos allí, desnudos. En esos momentos, en realidad no importa lo que piensen los demás. Pero les damos permiso para que se preocupen por nosotros. Los invitamos a ser humanos. Esa es la magia de la vulnerabilidad.

Tener ventaja

Bajar la guardia y ser auténticos es lo más importante que podemos hacer. Solo es necesario convencernos de que los beneficios superan los riesgos.

Bien, vayamos a los riesgos.

♦   Es posible que no gustemos a los demás.

♦   Podríamos distanciarnos de un grupo.

♦   Podríamos perder más de una de nuestras relaciones.

♦   La gente podría decir que hemos cambiado y enfadarse con nosotros.

Y ahora los beneficios:

♦   Nos liberamos de la tensión de fingir que somos quienes no somos.

♦   Podemos relajarnos en momentos íntimos sin preguntarnos cómo vamos a seguir fingiendo luego o sin estar resentidos con las personas que nos rodean porque esperan que seamos algo que no somos.

♦   Podríamos descubrir que las personas nos muestran un nivel de respeto que nunca habíamos sospechado.

♦   Sabemos, en cualquier caso, que las personas que abandonan nuestra vida no eran buenas para nosotros, porque solo les gustaba esa versión nuestra que les habíamos estado mostrando.

♦ Hacemos sitio en nuestra vida a las personas que aman nuestro auténtico yo, y atraemos a esas personas a nuestras vidas.

♦ Formamos relaciones más profundas, auténticas y significativas.

♦ Tenemos más salud.

Estos son solo algunos de los riesgos y beneficios, que son bastante generales. Estoy seguro de que se te ocurrirán más, y encontrarás otros que tendrán que ver con tu personalidad. Por eso me gustaría que te animaras a ser auténtico y bajar la guardia. El ejercicio es importante. Esto es lo que tienes que hacer.

EL GIMNASIO DEL AMOR POR UNO MISMO: Sé auténtico

Considera estas preguntas y escribe las respuestas:

♦ ¿Qué beneficios te aportaría ser más auténtico? Por ejemplo, ¿cuál de tus relaciones quedaría afectada si te mostraras auténtico y de qué manera? ¿Afectaría eso a tu profesión?

♦ ¿Qué acciones emprenderías o qué conversaciones tendrías durante los días siguientes para ayudarte a ser más auténtico?

No puedes ser lo bastante bueno mientras ocultes tu auténtico yo, porque el acto de la ocultación afirma que crees que no eres lo bastante bueno. ¿Por qué, si no, te estarías escondiendo? Ser auténtico consiste en mostrarte como en realidad eres. Quien es lo bastante bueno dice: «Estoy aquí, ahora, tal como soy».

A tu propio ritmo

Ser auténtico significa mostrar tus vulnerabilidades, pero, como ya he mencionado anteriormente, no consiste en ser un libro abierto para todo el mundo. Se trata de preguntarte si una mayor autenticidad o una mayor vulnerabilidad serían buenas para ti y en qué circunstancias. Quizá solo signifique abrirte un poquito y bajar la guardia, o podría significar mucho. Todos somos distintos.

Personalmente, estoy aprendiendo a ser más abierto y sincero con la gente. Y eso incluye compartir algunos ejemplos personales en este libro que no había mencionado antes. Consiste en salirme un poco de la zona de confort, pero no demasiado. Sin embargo, también cuento con un pequeño número de familiares y amigos íntimos con los que comparto ciertas intimidades que no compartiría necesariamente con otros. Son mi círculo interior, por así decirlo.

El amor por uno mismo trata de que aprendas lo que funciona para ti como individuo. Hay veces en que la vulnerabilidad no es lo más apropiado. Puede conducir a que se aprovechen de nosotros. Eso siempre es un riesgo, pero podemos evitarlo.

Mi amiga Gillian me lo recordó. Me dijo que ser vulnerable era algo que le salía de natural, pero que tuvo que aprender a no mostrarse como un libro abierto. Y eso resultó cierto sobre todo durante la época en que perdió a algunos miembros de su familia. La trataron muy mal cuando mostró su momento más vulnerable, y eso la aisló mucho. En lugar de la aceptación y la pertenencia, la vulnerabilidad le trajo soledad.

Gillian aprendió que solo era seguro mostrarse vulnerable con determinadas personas. Fue una lección valiosa. El acto de mostrar vulnerabilidad en presencia de determinadas personas demuestra que somos lo bastante buenos sin tener que abrirnos a los demás. Es una elección que nos da poder, y que demuestra que nos encontramos en el estado de ser lo bastante bueno.

En resumen, permitirnos ser vulnerables es un modo de construir el sentimiento de que somos lo bastante bueno. Retraerse es el resultado de temer lo que los demás puedan pensar. Pero permitir que el miedo lleve la batuta solo nos hace afirmar que «No soy lo bastante bueno». Ser vulnerable implica mirar al miedo a los ojos y decir «No me esconderé. Estoy aquí, ahora, tal como soy».

La vulnerabilidad forma parte de ser auténticos. Es abrirse al mundo tal como somos. Y hay poder en eso. Y grandeza. Requiere valor. Es un sello distintivo del valor porque siempre implica riesgos.

En tu exploración de la vulnerabilidad, muévete a tu propio ritmo. Elige a las personas que dejas entrar en tu vida y elige también hasta dónde quieres abrirte. El que realiza estas elecciones es el que dice «Soy lo bastante bueno».

Capítulo 9

La ley de la atracción personal

«El privilegio del transcurso de una vida es
convertirte en quien eres en realidad.»
C. G. JUNG

Los bebés se aman. Nunca intentarían ser otra persona distinta. No sabrían cómo hacerlo. Son cien por cien auténticos. Nos sentimos atraídos hacia ellos, como si gravitáramos a su alrededor.

Las mascotas también se quieren. También son cien por cien auténticas. Nos sentimos atraídos por ellas de la misma forma que nos ocurre con los bebés.

Llamo a este fenómeno «la ley de la atracción personal». Es una ley que dice:

«Cuanto más auténticos seamos, más personas se verán atraídas por nosotros».

Cuando crecemos, sin embargo, al hacernos mayores, en realidad nos volvemos más pequeños. Nuestra luz disminuye. Nuestra atracción se debilita. Y la razón es que cubrimos nuestra luz con capas y más capas de ideas, nociones y creencias que nos convencen de que no somos lo bastante buenos. Por esta razón, la fuerza de atracción de un niño es varias veces mayor que la de la mayoría de los adultos.

En realidad es muy simple. La autenticidad, la vulnerabilidad, la honestidad, el valor, el preocuparse por uno mismo, etcétera, incrementa nuestra atracción. La fuerza de atracción personal es elevada cuando sabemos que somos lo bastante buenos, y débil cuando creemos que no lo somos.

Podemos adivinar el momento en que alguien siente que no es lo bastante bueno. En general, no nos sentimos atraídos hacia esa persona tanto como hacia otras. No es que tenga nada malo. Y no es que hagamos un juicio consciente de eso. Se halla en lo más hondo de nuestra psique, todos buscamos la conexión, e intuitivamente sabemos si la conexión es posible con las personas que conocemos.

Incluso puede ser que una persona sienta que no es lo bastante buena, pero tenga una mente fuerte y una personalidad tan arrolladora que lo utilice para atraer a la gente. Pero eso no es atracción, es avasallar a la gente. Y no es auténtico.

¿Quieres que aumente tu atracción? ¡Sé tú mismo! Empezarás a saber que eres lo bastante bueno, y la gente te mirará y se preguntará qué es lo que te hace brillar tanto desde dentro.

Hacer que aumente tu atracción personal no consiste en que gustes a la gente (aunque el hecho de que les gustes es un efecto colateral). El objetivo siempre es ser tu auténtico yo y, por lo tanto, acabar sabiendo que eres lo bastante bueno.

La atracción personal es un indicador de la autenticidad, un barómetro, si quieres, del amor que uno siente por uno mismo. Funciona, tanto si nos gusta como si no, o tanto si estamos de acuerdo como si no. Pero cuanto más conscientes seamos de eso, mejor lo utilizaremos para medir nuestro progreso.

No estamos haciendo una quiniela. No necesariamente atraeremos a mucha más gente cuando tengamos una atracción personal elevada (aunque eso es lo que a menudo sucede), sino que atraeremos una mayor profundidad y una mejor calidad de conexión.

Es decir, si te encuentras rodeado de personas que te producen incomodidad, pregúntate por qué las has atraído a tu vida. ¿Es un signo de que no estás siendo todo lo auténtico que deberías ser? (¿O es con tu yo auténtico con el que estás incómodo? Eso también indicaría un déficit de amor por ti mismo.)

La atracción personal también tiene su correlato con la felicidad y el éxito en la vida. Cuanto más auténticos somos, más probable es que nos sintamos bien y seamos más productivos, perceptivos y creativos, y estas cosas en general se traducen en éxito en cualquiera que sea el ámbito en que nos movamos.

La gente piensa que somos afortunados, pero eso también es un efecto colateral de nuestra fuerza de atracción. Que atrae oportunidades y acontecimientos que no siempre son obvios al principio, sino que se cuecen a fuego lento y van aumentando de velocidad hasta que llega el momento de que entran en nuestras vidas.

Por lo tanto, antes de ir más allá, escribe tu respuesta a la siguiente pregunta:

¿Puedo hacer algo más aparte de decir: «Ese es realmente quien soy yo»?

La ley de la repulsión personal

La ley de la atracción personal tiene un contrario, como casi todo. Se llama la ley de la repulsión personal, y consiste en que repelemos a los demás, así como el éxito, las esperanzas y los sueños cuando no somos nosotros mismos.

Poco después de dejar de trabajar en la industria farmacéutica empecé a leer libros de autoayuda y espiritualidad. Me inspiraba la idea de empezar una nueva profesión como escritor y orador. Tras la lectura de una diversidad de libros, me dije que solo mediante la iluminación podría escribir y ser conferencista. Y decidí iluminarme.

Allí por donde iba intentaba demostrar que era un ser pacífico e iluminado. Regurgitaba pasajes que había leído en los libros y los hacía pasar por propios. A menudo incluso hablaba con voz queda porque pensaba que así era como hablaría una persona iluminada.

A mi antiguo profesor de química de la universidad, William J. Kerr, le gusta organizar reuniones con algunos de los estudiantes que ha tenido en el pasado. En 2000, unos seis meses después de que yo dejara la industria farmacéutica, asistí a una de estas reuniones.

Cuento entre los días de la universidad algunos de los más felices de mi vida. Hice grandes amigos. Estudié mucho, aprendí mucho también, hice deporte e incluso encontré tiempo para ser presidente de la Sociedad de Química. Tenía mucha energía y me sentía entusiasmado e ilusionado cuando formaba parte del grupo. Me encantaba contar historias y chistes y reírme.

Pero eso se acabó. Como era una persona iluminada, ya no podía comportarme de esa manera. Era poco evolucionado.

Por eso en aquella reunión durante un fin de semana me dediqué a pasear despacio con las manos a la espalda. Había visto que los monjes lo hacían así, y me figuré que yo también debería hacerlo. Incluso mi semblante adoptó una sonrisa serena, y cuando hablaba, lo hacía con suavidad y bajito. Quería que la gente supiera que había alcanzado la iluminación. Eso les inspiraría.

La primera noche, después de cenar, estábamos veinticinco personas en una sala enorme hablando, contando historias y riéndonos (o al menos eso era lo que hacían los demás). En la universidad, cuando alguien me contaba una historia, yo solía replicar con otra parecida, e incluso puede que la embelleciera un poco de vez en cuando, solo para que resultara más divertida.

Pero esa noche, cada vez que alguien terminaba de contar una historia, mis amigos me miraban. Pero yo permanecía sentado, con las piernas cruzadas y una sonrisa serena en el rostro, asintiendo complacido.

No era de extrañar que mi profesión de escritor y orador no despegara. El público no se sentía atraído por mis charlas porque lo único que yo hacía era regurgitar lo que los demás habían dicho e intentar fingir que me hallaba en un estado de iluminación. Si me hubiera comportado como soy, un tipo que tenía un sueño y había dejado su empleo para hacerlo realidad, o quizá si solo hubiera hablado de las lecciones que aprendí en la vida, habría tenido más éxito durante ese período. Pero el éxito es consecuencia de la autenticidad. Mi fuerza de atracción era negativa. Repelía todo lo que deseaba en la vida. Y no tardé mucho en arruinarme.

Un tiempo después aprendí que no tiene nada de malo reírse a carcajadas o ser el centro de atención si esa es la clase de persona que te consideras. Yo solía pensar que ser espiritual significaba estar en paz. Pero la verdadera espiritualidad es ser quien eres tú en realidad.

Estar en paz forma parte de eso. Pero eso no significa que no tengamos pensamientos. Significa estar en paz con quien tú eres. Significa aceptarte a ti mismo, con tus imperfecciones, tus defectos, tus facetas inseguras, tus vulnerabilidades, tus hábitos, el hecho de que tienes miedo, el hecho de que no sabes qué hacer la mayoría de las veces, el hecho de que no siempre confías, el hecho de que a veces te sientes desbordado, al margen de aceptar las cosas positivas de ti mismo. Estar en paz con todo eso incrementa tu atracción.

Todos tenemos «cosas», mochilas, lamentaciones. Y pensamos que tenemos que eliminar todo eso para curarnos. No es cierto. La paz viene cuando lo *aceptamos* todo. Y si podemos estar en paz con nosotros mismos, seremos *lo bastante buenos*.

La vida sigue...

Aceptarnos a nosotros mismos no significa que ya no vayamos a crecer o a perseguir nuestras esperanzas y nuestros sueños. El crecimiento, como el cambio, es natural y saludable cuando se origina desde la sensación de que uno es lo bastante bueno. Es perfectamente natural sentir que existen posibilidades de expansión y mejora y seguirlas.

Igualmente, cuando nos aceptamos a nosotros mismos, la vida no deja de ser un reto. No nos sentamos en una nuble blanca metafórica en un estado de paz perpetua. Sencillamente conocemos a otras personas, y nos enfrentamos a otros desafíos y experiencias con una mentalidad más saludable. La vida sigue, de una manera muy parecida a lo habitual.

Y mientras continúa, podemos aprender mucho de los animales. *Oscar* sabe quién es. Persigue patos y otras aves cuando estamos en el río. Si se acerca demasiado a los cisnes, estos lo alejan emitiendo una advertencia gutural, una especie de *Kchhh*. Estoy muy seguro de que no piensa: «Ese cisne me está lanzando una advertencia. A lo mejor no le gusto. Me pregunto qué habré hecho para ofenderlo». *Oscar* sigue olisqueando los árboles y haciendo pis.

Oscar me ha enseñado muchas cosas. Una gran lección es que mi atracción disminuye cuando me obsesiono demasiado con lo que la gente piensa de mí y pensando en si cuento con su aprobación.

Creo que *Oscar* y yo estábamos destinados el uno al otro. De hecho, él me ha ayudado a encontrarme a mí mismo.

Apuesto a que hay un animal o una persona en tu vida que te está enseñando mucho sobre ti mismo. Párate a pensarlo. ¿Quién te está enseñando cómo eres? ¿Quién está sacando de ti tu yo auténtico? ¿Quién te está obligando a ver tu auténtico yo?

El siguiente ejercicio trata de descubrir lo que te hace ser quien eres. Cuando lo sepas, descubrirás que es más fácil ser auténtico.

Y cuando encuentres tu auténtico yo, la gente que necesita estar en tu vida te encontrará a ti también.

. . . .

🏋 EL GIMNASIO DEL AMOR POR UNO MISMO: ¿Quién eres?

Tómate un tiempo para reflexionar en lo que te hace único. Piensa en las cosas buenas, pero incluye también tus facetas inseguras. Y tus esperanzas y tus sueños, porque forman parte de ti. Incluye incluso cómo actúas cuando fracasas, porque eso forma parte de ti también.

Piensa en la gente que te ha influido, te ha ayudado a modelar tu carácter, a ser quien eres, te ha proporcionado el entorno en el que te has convertido en ti mismo…

Piensa en los actos que te han influido, los que te han ayudado a desplegar tu personalidad, los que han forjado tu carácter…

Dibuja o pinta quién eres, o escribe un poema sobre ello, si así lo prefieres.

. . . .

En resumen, la autenticidad crea la atracción. Así como las manzanas caen de los árboles debido a la fuerza de gravedad de la Tierra, la gente viene hacia nosotros debido a nuestra atracción personal.

Esta ley de la atracción personal, como me gusta llamarla, también tiene su contrario: la ley de la repulsión personal. Esa ley se manifiesta cuando no estamos siendo auténticos.

Los niños y las mascotas tienen mucha atracción personal. Los adultos tendemos a tener mucha menos, sobre todo por-

que al convertirnos en adultos hemos aprendido a pensar en nosotros como si no fuéramos lo bastante buenos. Pero a medida que aprendemos que de hecho lo somos, y siempre lo hemos sido, nuestra fuerza de atracción vuelve a aumentar.

El objetivo no es la atracción, por supuesto. El objetivo es ser auténtico y saber que somos lo bastante buenos. La atracción es solo un indicador que marca nuestro progreso.

Tercera parte

Tú importas

«La vida es corta, rompe con las normas. Perdona rápido, besa despacio. Ama de verdad. Ríe sin control y nunca lamentes lo que te hace sonreír.»

MARK TWAIN

Capítulo 10

La autocompasión

«Nunca olvides que hubo un tiempo, en un momento
espontáneo, en que te reconociste como un amigo.»
ELIZABETH GILBERT, *Reza, come, ama.*

A medianoche, Dobby, el elfo de la casa, apareció en el dormitorio de Harry Potter, en Privet Drive número 4, para decirle a Harry que corría peligro de muerte.

Sin embargo, tenía terminantemente prohibido pasar esa información a Harry. Porque eso era traicionar a los Malfoy, los amos de Dobby. Por eso, cada vez que daba información a Harry, el elfo se hacía daño a sí mismo. Al principio, golpeándose la cabeza contra una ventana, y en las escenas siguientes del libro, golpeándose contra diversos objetos.

Mientras algunos nos golpeamos la cabeza contra las ventanas o contra objetos cuando hacemos algo mal, otros usan las palabras para hacer lo mismo. Una mujer que asistió a uno de mis talleres me comentó que si hablara con los demás usando las palabras que se dirigía a sí misma la mayor parte de las veces tendría antecedentes penales.

Si la autocrítica fuera un deporte olímpico, sería muy difícil ganar una medalla. Hay tanta gente buena en eso que son muchos los que podrían conseguirla.

Cuando era pequeño, si alguien te insultaba, tú le cantabas: «Con palos y piedras me romperás los huesos, pero nunca con insultos». Por mucho que nos sirviera la canción para desafiar al otro, lo único que conseguía era enojar a la persona que se dedicaba a insultarte, y resultaba bastante inútil para impedir que te dolieran las palabras venenosas que te habían dedicado.

Lo cierto es que las palabras hieren. Todos lo sabemos. No solo hieren, sino que cuando alguien las utiliza contra nosotros nos duelen tanto como cuando las usamos contra nosotros mismos. Y el problema es que esto último es mucho más habitual. ¿Te resultan familiares las siguientes expresiones?

- ◆ ¡Soy un imbécil!
- ◆ No puedo creer que haya dicho/hecho eso.
- ◆ Soy un fracaso.
- ◆ Estoy jodido.
- ◆ No soy bueno en eso.
- ◆ Nunca seré bueno haciendo eso.
- ◆ Soy gordo y feo.
- ◆ Estoy disgustado conmigo mismo.

No es agradable, ¿verdad? ¿Quién quiere escuchar algo así?

Un antídoto para la autocrítica

¿Criticarías a un niño si se cae cuando intenta empezar a caminar? ¿Le pondrías la etiqueta de fracasado? Lo dudo. Voy a aventurar la hipótesis de que seguro que permites que los demás sean como niños, tropiecen, caigan y se abran paso por la vida mientras aprenden a caminar y luego a correr, pero tú te criticas por no ser capaz de correr al primer intento.

Todos somos como niños. Tropezamos y caemos a lo largo de la vida. Todos la fastidiamos. Todos cometemos errores. Solo somos humanos.

La autocompasión acepta todo esto.

La autocompasión es un antídoto contra la autocrítica. Es tener compasión de ti mismo. Es emprender una acción para aliviar el dolor o la decepción, a veces con pensamientos amables, o con palabras que te dediques a ti mismo, a veces con un baño caliente, e incluso a veces con un helado. La autocompasión es suave en contraste con la dureza de la autocrítica.

Si Dobby hubiera mostrado autocompasión, podría haber dicho algo así como: «Harry Potter, no tengo que compartir los secretos de mi amo. Soy un elfo de la casa y se me prohíbe traicionar a mis amos. Pero creo que estoy haciendo lo correcto. Corres peligro y quiero ayudarte. Así que aunque he hecho algo técnicamente incorrecto, sé que mi corazón está en el lugar adecuado y no seré duro conmigo mismo».

Por supuesto, Dobby no se compadecía mucho de sí mismo. Prefería golpearse la cabeza contra la ventana.

Un parachoques para cuando las cosas van mal

Recuerdo cuando mi libro *Why Kindness is Good for You* se publicó. Estaba muy orgulloso porque había pasado varios meses recopilando todas las pruebas que pude encontrar que me indicaran que la amabilidad y la compasión eran saludables. Había incluido también un par de historias inspiradoras sobre la amabilidad. Mi objetivo con el libro era inspirar a más personas a que fueran amables. Siempre he creído que la amabilidad puede cambiar el mundo. Empezaron a hablar de mí en los periódicos y las revistas, y en la radio, incluso iba a salir en un programa matutino de televisión. Estaba embriagado de felicidad.

Sin embargo, un día después de la publicación del libro, el primer comentario colgado en Amazon Reino Unido tenía una estrella. Era de un caballero que supongo que en realidad no se había leído el libro entero y lo había malinterpretado completamente. Dijo que yo animaba a las personas a ser amables puramente para que se sintieran bien. No entendí de qué parte del libro había sacado eso. Solo pude llegar a la conclusión de que se había leído el título y la contracubierta, y que luego había hojeado unas cuantas páginas en busca de «pruebas» que respaldaran su tesis.

Pero yo estaba destrozado. Me ruboricé cuando leí el artículo. Tanto trabajo y ahora nadie compraría el libro…

Unos días después, a medida que la gente iba comprando y leyendo el libro, me sentí aliviado al descubrir que estaban apareciendo reseñas con cinco estrellas. Entonces me sentí mucho mejor.

La experiencia me enseñó dos cosas muy valiosas. En primer lugar, me di cuenta de que la sensación de que yo valía se veía reforzada por la manera en que era acogido el libro. Y en segundo lugar, yo carecía de autocompasión.

No se trataba tanto de que fuera autocrítico conmigo mismo como de que no tenía un colchón que me sostuviera cuando las cosas iban mal. La autocompasión es ese lugar blandito. Es esa parte de nosotros que nos aprieta suavemente el hombro y nos dice, con amabilidad, que todo saldrá bien, que no es el fin del mundo y que, pase lo que pase, seguimos aquí.

La autocompasión amortigua el dolor de la decepción. Nos impide que nos tomemos las cosas demasiado personalmente. Nos recuerda que no pasa nada si hemos tenido un mal día, que no pasa nada por caer, y que no hemos fracasado solo porque no nos sintamos felices, no hayamos tenido éxito, no tengamos una relación o estemos en la ruina. Siempre hay un mañana.

La autocompasión pone de relieve que existe una diferencia

importante entre el amor por uno mismo y la autoestima. La mayoría de las veces esos términos pueden intercambiarse, y así lo he hecho en este libro. Pero a veces la gente gana en autoestima a partir de sus éxitos y logros. Y cuando las cosas van mal, sufren terriblemente. Su autoestima es como un barco en el océano, que sube y baja con cada ola.

El amor por uno mismo es mayor que la autoestima. Se basa en la autocompasión, mientras que la autoestima, no. Cuando sentimos amor auténtico por nosotros mismos, si llega la decepción, comprendemos que no pasa nada. Estas cosas suceden. Sabemos que no somos unos fracasados, lo que ocurre es que algo no ha salido bien. Comprendemos que necesitamos apoyo, amabilidad y compasión, y que tenemos derecho a todo eso. Por ello nos ofrecemos apoyo y amabilidad, o incluso buscamos una ración extra de lo mismo en los brazos de un ser amado o de un amigo, pero lo hacemos porque sabemos que lo merecemos. *Somos lo bastante buenos.*

Con la autocompasión, la decepción no es tan dolorosa. La autocompasión nos ayuda a separar nuestra valía de nuestros éxitos y logros, reforzando el concepto de que somos lo bastante buenos. Y cuando nos esforzamos por un objetivo, impide que nos juzguemos y que no nos consideremos lo bastante buenos mientras no logremos ese objetivo.

¡Y además de todo eso, es saludable!

La autocompasión es saludable

«Que sea triple»

A partir de unos estudios sobre la autocompasión, queda claro que esta es un antiinflamatorio triple.[1] Significa eso que se ocupa de tres clases de inflamación:

1. Inflamación biológica.
2. Inflamación del yo (autocrítica).
3. Inflamación en las relaciones.

a) La autocompasión reduce la inflamación biológica

Un estudio de 2014 comprobó la relación que existe entre la autocompasión y la inflamación inducida por el estrés. Parece una verdad como un templo, ¿no?

Antes de continuar, quiero señalar que la inflamación no es necesariamente una mala compañera. En realidad, es una parte vital de la respuesta inmunológica a las heridas. Se percibe claramente en la rojez y la hinchazón que aparece alrededor. Ayuda a que salga la sangre, a oxigenar y reparar los nutrientes en el lugar de la herida, y al proceso sanador.

Algo así ocurre también en el interior del cuerpo, puesto que el cuerpo tiende a las heridas del estrés y a las elecciones de estilos de vida que no son sanos. Una vez más, sencillamente está haciendo el trabajo de ayudar al cuerpo a recobrar su salud. El problema surge cuando ha existido demasiada inflamación durante un largo período de tiempo, síntoma de un estrés constante y unas condiciones de vida poco saludables. Con el tiempo, si perdemos la capacidad de manejar lo que nos estresa cotidianamente, las frustraciones y las rabias, la inflamación inducida por el estrés aumenta y puede causar toda suerte de daños colaterales en el cuerpo, incluyendo enfermedades cardiovasculares e incluso un mayor riesgo de contraer cáncer.

Podemos imaginar una inflamación de esta clase como un grifo goteando en un fregadero, con el tapón puesto. Al final el fregadero se desbordará y el agua se derramará y causará un daño colateral en el suelo.

Para medir la autocompasión en el estudio, los participantes respondieron con un «Estoy de acuerdo» o «Estoy en desacuerdo» a una serie de afirmaciones. Responder «Estoy de acuerdo» a una afirmación como «Intento ser comprensivo y paciente respecto a ciertos aspectos de mi personalidad que no me gustan» indicaba autocompasión. Responder «Estoy en desacuerdo» significaba falta de autocompasión. Responder «Estoy en desacuerdo» a una afirmación como «Desapruebo y juzgo mis propios defectos e ineptitudes» indicaba autocompasión. Responder «Estoy de acuerdo» significaba autocrítica.

El estudio, que incluía a cuarenta y un voluntarios, reveló que los que tenían una mayor autocompasión tenían un nivel de inflamación inducida por el estrés menor.[2]

¡Piensa en lo que eso significa! La autocompasión protege a la biología, ya que hoy se sabe que no solo previene la inflamación inducida por el estrés, sino que tiene un efecto protector contra las enfermedades que se le vinculan, y entre estas se incluyen los trastornos cardiovasculares, el cáncer, la artritis, la diabetes e incluso el Alzheimer.

Es como si colocáramos un sello de goma de gran calidad en el grifo para que dejara de gotear y al mismo tiempo sacáramos el tapón del fregadero.

En un estudio de 2009, los investigadores enseñaron autocompasión a un grupo de individuos como parte de un programa sobre compasión que pretendía estudiar sus efectos (la compasión por uno mismo y por los demás) en la inflamación.[3] Reclutaron a treinta y tres personas de entre diecisiete y diecinueve años en un programa de formación de seis semanas, parte del cual implicaba aprender estrategias para ser más autocompasivo y practicar la meditación de amor-amabilidad, una meditación budista que retomaremos más adelante. Los voluntarios se compararon con veintiocho personas de la misma edad que no habían aprendido autocompasión, pero que habían asistido a unos debates en grupo sobre la salud durante el mismo período de tiempo. Este fue el grupo de control.

Cuando terminó el período de seis semanas, los voluntarios se vieron obligados a aceptar una tarea diseñada para estresarlos para que los científicos pudieran medir la inflamación inducida por el estrés. La tarea se conoce con el nombre de TSST (test de estresantes sociales Trier). Las personas que habían aprendido autocompasión presentaron unos niveles de inflamación mucho menores que las del grupo de control. El número de prácticas también tenía su importancia. Los que hicieron un mayor número de sesiones a la semana (de seis a nueve) tenían niveles mucho menores de inflamación que los que hicieron menos (una o dos sesiones).

b) La autocompasión reduce la inflamación autoinducida (la autocrítica)

El segundo tipo de inflamación contrarrestado por la autocompasión es la inflamación del yo; de eso trata la autocrítica.

Se ha demostrado que la meditación del amor-amabilidad ha reducido sustancialmente la autocrítica, sobre todo en las personas que se les da muy bien… precisamente eso, la autocrítica.

En un estudio de 2014, treinta y ocho voluntarios que sacaron una puntuación alta al valorar la autocrítica fueron distribuidos al azar para practicar la meditación de amor-amabilidad o formar parte del grupo de control. Había diecinueve en cada grupo.

El estudio descubrió que los voluntarios que habían aprendido autocompasión se mostraron significativamente menos críticos que al principio. Y el seguimiento de tres meses que se diseñó para ver si los efectos serían duraderos demostró que el grupo de meditación había mantenido esa disminución en la autocrítica. No habían retomado sus antiguos hábitos de crítica. Habían aprendido una manera nueva y más amable de tratarse a sí mismos.[4]

Otro estudio que comprendía a 139 personas descubrió que un curso de siete semanas sobre meditación de amor-amabilidad hacía aumentar diariamente las experiencias de emociones positivas incluyendo el amor, la alegría, la gratitud, la satisfacción, la esperanza, el orgullo, el interés y la diversión.

Estos beneficios emocionales influyeron en los participantes de múltiples maneras. Todos tuvieron una mayor sensación de propósito, un mayor dominio de sus vidas. Además, sintieron una mayor satisfacción vital. Se sintieron más optimistas respecto al futuro. Mejoraron la calidad de sus relaciones. Ah, y su salud global mejoró también.[5]

c) La autocompasión reduce la inflamación en las relaciones

La meditación amor-amabilidad ayuda a reducir la inflamación de las relaciones difíciles y es especialmente poderosa para ayudar a mejorar las relaciones personales que están en conflicto, tanto con seres queridos como con colegas del trabajo o incluso personas a las que consideramos nuestras enemigas. Durante la meditación cultivamos un sentido de amor y compasión hacia la persona (la gente) que representa un desafío para nosotros. Y al hacerlo, los sentimientos de hostilidad van siendo reemplazados gradualmente por amabilidad.

Algunos, por supuesto, queremos mantener la hostilidad contra determinadas personas. Hay quienes se aferran a la rabia durante años. Piensan que los implicados se lo merecen. Quizá. Pero la hostilidad hacia los demás es extremadamente dañina para nosotros. ¿Nos lo merecemos nosotros también?

De hecho, si nuestro objetivo es desarrollar una enfermedad cardiovascular, la hostilidad hacia los demás es una de las maneras más rápidas de adquirirla. Como mínimo, es tan eficiente como llevar una dieta poco saludable. La hostilidad continuada y la agresión en las relaciones está fuertemente vinculada al endurecimiento de las arterias. En una muestra de simetría asombrosa, en la que el exterior refleja el interior, los científicos descubrieron que cuando nos endurecemos con los demás, también nos endurecemos por dentro. La investigación se titula «Matrimonio duro. Corazón duro».[6]

Esta investigación es el resultado de un estudio sobre las parejas casadas. Se anotaron el comportamiento y las maneras de comunicarse, y cada pareja obtuvo una puntuación en función de si demostraba amor, amabilidad, compasión, paciencia y afecto o bien mostraba hostilidad y agresión y se trataba de una pareja dominante o acosadora.

Los resultados fueron muy claros. Los que eran más hostiles tenían los niveles más altos de calcificación arterial coronaria o CAC. Es donde la arteria coronaria cambia, y en lugar de tener la consistencia interna de un huevo ligeramente pochado, pasa a ser algo parecido a una placa de yeso.

El daño arterial no era causado por la dieta o el estilo de vida, sino por la hostilidad y la agresión.

La autocompasión es un antídoto poderoso contra la hostilidad, la agresión y la rabia. La meditación amor-amabilidad es especialmente efectiva, porque además de cultivar la compasión por nosotros mismos, cultiva la empatía y la compasión por los demás.

Cuando nos ablandamos por dentro (emocionalmente y también biológicamente), empezamos a ablandarnos por fuera, en nuestras interacciones con la gente, y eso hace más fáciles las relaciones. Y eso contribuye a cultivar una sensación de confianza y conexión con las personas que no conocemos demasiado, incluso con los desconocidos. Ayuda a construir la conexión social.

Este fue el hallazgo de un estudio de la Universidad de Stanford en el que cuarenta y cinco voluntarios practicaron la meditación amor-amabilidad, aunque solo fuera durante unos minutos al día. A continuación compararon los resultados con los cuarenta y ocho voluntarios del grupo de control que no hicieron la meditación.[7]

La versión de la meditación era simple. Cada persona imaginaría a dos seres queridos, uno a cada lado, y les enviarían su amor. Unos lo harían imaginándolo como una esfera de luz rosa, otros solo les desearían amor, salud y felicidad, y unos terceros usarían palabras. Las tres maneras eran buenas. Luego se imaginarían enviando esos sentimientos amorosos y compasivos a un completo desconocido. Incluso una breve práctica de meditación ayudaba a los voluntarios a sentirse más conectados tanto con los seres queridos como con perfectos desconocidos.

Cuando se trata de salir adelante en el mundo, formar relaciones es la clave. Y la clave para formar relaciones es bajar las barreras y permitir que se den las conexiones. Como sabes, eso se da cuando se tiene el valor de ser uno mismo y de no esconder nuestras vulnerabilidades. También se da a través de la autocompasión.

Con la práctica, la meditación amor-amabilidad ayuda a generar confianza y compasión a un nivel automático. En otras palabras, ni siquiera tenemos que pensar en ello.

La compasión y el nervio vago

La estrella del espectáculo en las formas en que la compasión, sea por nosotros mismos o por otra persona, reduce la inflamación es el nervio vago. Es el nervio craneal más largo del cuerpo, y se extiende desde lo alto del bulbo raquídeo. Su nombre deriva del vocablo en latín medieval que equivalía a «errante», porque como es tan largo, va errando o merodeando por todo el cuerpo e interactuando con el corazón, el estómago y otros órganos.

La compasión y el nervio vago trabajan juntos. Los científicos dicen que están «correlacionados», es decir que una persona que es muy compasiva en general tiene un tono vagal alto (semejante al tono muscular). El tono vagal alto es bueno para la salud porque significa que, incluso cuando damos al nervio vago mucho trabajo que hacer, sigue pudiendo mantener la inflamación baja, así como una persona que está físicamente en forma puede hacer más ejercicio físico que otras que no estén en tan buenas condiciones.

El nervio vago ocupa el primer puesto en nuestro cuerpo a la hora de controlar la inflamación. A resultas de una herida, la inflamación se eleva hasta el grado óptimo que se necesita para la curación. Una vez en ese nivel, el nervio vago pone el freno y asegura que no se le escape el asunto de las manos. Asimismo mantiene controlada la inflamación en el interior del organismo. Trabaja enviando una señal al interior de las células inmunes y a través de todo el ADN. Esa señal indica a determinados genes inflamatorios que se desconecten.

En el plano de la realidad, los efectos de la autocompasión recorren el sistema nervioso hasta el nivel genético. ¿No resulta sorprendente?

Dado que una de las estrategias principales en el tratamiento del sufrimiento es el empleo de los antiinflamatorios, eso también explica que las investigaciones demuestren que practicar la meditación amor-amabilidad puede reducir el dolor en pacientes crónicos. Cuando la inflamación se sitúa en el nivel genético, el dolor disminuye.

En un estudio, cuarenta y tres voluntarios con dolor crónico de espalda participaron en un curso de ocho semanas; unos recibieron lecciones sobre la meditación amor-amabilidad, y otros recibieron cuidados estándares para el dolor de espalda. Al final del estudio, los voluntarios que habían hecho la meditación tenían significativamente menos dolor.[8]

También con respecto al dolor de espalda, un estudio realizado en el Boston College demostró que los pacientes que sufrían dolor de espalda crónico encontraban un beneficio en ayudar a otras personas que sufrían dolor. La intensidad del dolor bajó significativamente en los aquejados que ayudaban a otros.[9]

¿Te gustaría aprender algunas estrategias para desarrollar la autocompasión?

Estrategia 1 de la autocompasión: cambia un pensamiento

Una de las maneras de aprender la autocompasión es entrenándonos a pensar de manera distinta. La dureza interior es un hábito. Y como cualquier hábito puede cambiarse con un poco de práctica. Y digo «práctica» porque, como todas las cosas, para ser buenos en algo tenemos que practicar. ¡Nadie se ha convertido en un medallista olímpico tras salir a correr una sola vez!

Si practicamos la autocompasión, seremos buenos en autocompasión. Así que empecemos.

EL GIMNASIO DEL AMOR POR UNO MISMO: Cambia un pensamiento

Una de las estrategias más simples para desarrollar la autocompasión es cambiar un pensamiento derrotista sobre nosotros mismos por uno amable. El propósito de este ejercicio es crear una reserva de pensamientos amables de la que podamos echar mano.

- Haz una lista de las maneras en que has demostrado amabilidad o compasión con alguien, o bien paciencia y cortesía.

- Haz una lista de tus posibles atributos, tus habilidades y tus logros.

♦ Haz una tercera lista, en esta ocasión con ejemplos en los que hayas tratado con un desafío difícil o cuando hayas demostrado valor.

♦ Y haz una cuarta lista con algunos de tus recuerdos más felices.

♦ Y ahora, cada vez que te sorprendas criticándote, respira hondo, suelta el aire con suavidad y recita o visualiza uno o varios de los puntos de tu lista.

Quizá te parecerá simple, pero cuando se hace eso, ocurren dos cosas. La primera es que inhalar aire desvía tu atención de las críticas. Mientras eso sucede, aleja los recursos cerebrales de los centros de estrés del cerebro y los sitúa en zonas de control más conscientes. Eso te impide involucrarte en una cadena de pensamientos maltratadores.

Lo segundo que ocurre es que al sustituir el pensamiento autocrítico por un recuerdo positivo aminoras tu dureza interior.

La gracia está en ser capaz de pillarte cuando sufres siendo duro contigo mismo y sustituir los pensamientos que estás teniendo por alguno de los puntos de tu lista. Pero, como ya he dicho, mejorarás con la práctica.

Puede parecer improbable que solo por recordar cosas positivas de ti mismo puedas dejar de criticarte, pero es así. Si eres realmente bueno en la autocrítica, es porque practicaste mucho. Básicamente has de aprender a cambiar lo que estás practicando.

Al cabo de un tiempo, reconectarás tus redes neuronales. Si lo normal para ti ha sido la autocrítica, luego será la paciencia, la comprensión y la autocompasión.

He explicado la neurociencia de este fenómeno por una razón. He aprendido que cuando sabes lo que está pasando en el cerebro, ¡tienes muchas más posibilidades de ponerte a trabajar!

Estrategia 2 de la autocompasión: haz la meditación del amor-amabilidad

La meditación del amor-amabilidad es una herramienta poderosa para desarrollar la autocompasión. Conocida también con el nombre de *metta*, es una meditación tradicional budista. A lo mejor ya la conoces, como le pasa a mucha gente. La mayoría cree que se trata de tener compasión con los demás, que esa es la parte fundamental de su propósito, pero la primera línea de la meditación es para el yo:

> **«Que el amor-amabilidad me inunde. Que esté bien, en paz y fluyendo, feliz y libre de sufrimientos.»**

El objetivo de la meditación amor-amabilidad es construir un sentimiento de compasión y amabilidad por nosotros mismos, nuestros seres queridos, las personas a las que no tratamos, las complicaciones que aparecen en nuestra vida y todos los habitantes del planeta. Nuestro círculo de compasión se va extendiendo.

EL GIMNASIO DEL AMOR POR UNO MISMO: Haz la meditación del amor-amabilidad

Hay cinco partes en la meditación del amor-amabilidad.

♦ Empieza por ti mismo. Di tres veces:

«Que el amor-amabilidad me inunde. Que esté bien, en paz y fluyendo, feliz y libre de sufrimientos.»

A veces es útil colocar las manos suavemente en la zona del corazón mientras pronuncias las palabras.

Personalmente he descubierto que repetir sencillamente las palabras «Que el amor-amabilidad me inunde…, etcétera», sirve para desarrollar la autocompasión. No existe una regla que diga que hay que empezar usando «Que…» Haz la versión que mejor se ajuste a ti. Practica con ambas versiones y mira cuál se adapta mejor a ti.

◆ A continuación genera el sentimiento hacia un ser querido repitiendo tres veces:

> *«Que [el nombre de la persona] reciba todo el amor-amabilidad. Que él/ella esté bien, en paz y relajado, feliz y libre de sufrimiento.»*

Si tu fuerte es la visualización, descubrirás que es útil imaginarte a la persona en ese momento, y conservar su imagen durante toda la meditación.

◆ Luego haz estas tres repeticiones para una persona a la que no tratas. Me refiero a esas personas que forman parte de tu entorno, pero que en realidad no conoces. Quizá pases por su lado en el pasillo de la oficina. Quizá sea la persona que pasa tus compras por el escáner de la caja registradora del supermercado.

◆ Luego viene la persona difícil. Incluso podría ser un ser querido. Para algunos el ser querido es la persona con quien tienen dificultades. Otros utilizan a una persona que les plantea un desafío, quizá del trabajo, o alguien con quien hayan tenido dificultades en el pasado. Otros utilizan a acosadores, tanto del presente como del pasado.

◆ Finalmente, proyectas el sentimiento hacia el mundo y repites tres veces:

> *«Que todos los seres sintientes reciban todo el amor-amabilidad. Que estén bien, en paz y relajados, felices y libres de sufrimiento.»*

Esto completa el ciclo.

Puedes hacer tantos ciclos como quieras. Si quieres hacer más, empieza de nuevo por ti. Luego puedes centrarte en un ser querido distinto o en la misma persona, en una persona neutral distinta o en la misma, y en una persona difícil distinta o en la misma antes de completar el ciclo con todos los seres sintientes. Hay personas a quienes les gusta hacer varios ciclos, trabajar con todos sus seres queridos más inmediatos, pero centrando cada ciclo en la misma persona difícil.

No existe ninguna regla en especial que diga que tienes que hacer la meditación de un modo particular. El tema es el sentimiento, por eso cualquier cosa que hagas para construir ese sentimiento es válida. Ni siquiera necesitas hacerlo de la manera que te explico. Hay personas que siguen un protocolo como el que he planteado en el estudio de arriba, visualizando dos seres queridos y dos extraños. Hay quien incluso añade «Padre» como en «Padre nuestro, que [la persona] sea embargada por el amor-amabilidad…, etcétera». Para ellos se convierte en la oración de amor-amabilidad, en lugar de en la meditación amor-amabilidad.

· ·

Estrategia 3 de la autocompasión: escucha a tu Buda interior

Quizá Dobby no lo sepa, pero tiene un Buda interior. El Buda es esa parte compasiva de sí mismo que está muy alejada de esa faceta suya que utiliza objetos para autoflagelarse. Cuando Dobby se castiga, la voz dominante que resuena en el interior de su cabeza es su yo autocrítico. Pero también existe una parte de Dobby que se siente criticada. En resumen, hay tres partes: la crítica, la criticada y el Buda.

Para nosotros es lo mismo. Cuando nos lo ponemos muy difícil, la voz principal que escuchamos es la de nuestro crítico interior. Por eso una estrategia de autocompasión muy útil es escuchar a nuestro Buda interior. Se trata de desviar nuestra atención.

EL GIMNASIO DEL AMOR POR UNO MISMO:
Escucha a tu Buda interior

◆ Toma una hoja de papel y tres bolígrafos de distinto color: uno para el crítico, otro para el criticado y el último para el Buda.

El crítico es tu voz autocrítica. Quizá tenga la voz de un familiar, o bien oigas sus palabras, quizá se parezca a tu hermano, a un maestro de la escuela o incluso a un esposo o una esposa.

El criticado es esa parte de ti que se siente herida con las críticas.

El Buda interior es tu yo más sabio y compasivo.

◆ Elige algo que normalmente te cueste mucho. Toma un bolígrafo y escribe lo que el crítico tiene que decir. Escribe las palabras que sueles oírle decir. Puedes escribir las palabras duras con letras mayúsculas si eso hace que te parezcan más reales.

◆ Luego elige un bolígrafo de un color distinto y escribe como si fueras el criticado. Di cómo te sientes al verte criticado. ¿Te duele? ¡Pues dilo! Puedes explicar lo que estás intentando hacer y decir que las críticas no te ayudan en absoluto, y que de hecho lo único que hacen es refrenarte. Di lo que quieras decir. Sé sincero.

Permite que el crítico te responda si sientes que necesita responder.

Puedes ir y volver cuantas veces quieras entre el crítico y el criticado, como harías en una conversación entre dos personas. No hay prisa, y no hace falta que termines el ejercicio en siete minutos justos. Si te lleva tres horas, pues que sean tres horas.

♦ Cuando veas que es el momento adecuado, elige el tercer bolígrafo y permite que tu Buda interior se pronuncie. Como el aspecto de tu alma más amable, cortés, amoroso y compasivo, ¿qué diría? ¿Cómo lo diría? ¿Se dirigiría a ti, al crítico, a ambos?

Cuando el Buda interior ha hablado, permite que el crítico o el criticado se expresen si es necesario. Puedes volver a seguir el diálogo las veces que quieras. Sigue hasta que sientas haberlo dicho todo. Asegúrate, no obstante, de que el Buda interior tenga la última palabra.

Cuando el diálogo interior se haya completado, si se quiere añadir algo más, se puede escribir una carta dirigida a uno mismo de parte del Buda interior. Puede ser larga o corta, como se prefiera. Luego hay que echar la carta al correo, gesto que te permitirá recordar esa sabiduría al cabo de un par de días, cuando la carta llegue a tu buzón.

Estrategia 4 de la autocompasión: adopta una postura compasiva

¿Recuerdas la postura de poder de la que hemos hablado antes? La postura de poder muestra que los pensamientos, los sentimientos, la química cerebral y el comportamiento quedan afectados por lo que hacemos con nuestro cuerpo. Hablando de manera genérica, si cualquier postura corporal consigue ese efecto, ¿por qué no adoptar una postura de compasión?

EL GIMNASIO DEL AMOR:
Adopta una postura de compasión

He descubierto que si adoptas una postura de compasión, puedes desviar tus pensamientos, sentimientos, química cerebral y comportamiento hacia la autocompasión. También puedes extenderla y convertirla en una postura de compasión por los demás.

◆ Sentado o de pie, adopta una postura o inicia una serie de movimientos que muestren autocompasión. Por ejemplo, podrías relajar tus músculos faciales, suavizar tu mirada y esbozar una sonrisa dulce y amable. (Puedes practicar delante del espejo si te resulta más fácil.) Quizá descubras que quieres colocar las manos en tu corazón, darte un achuchón o incluso un abrazo.

◆ Mantén la postura durante dos minutos, como lo harías con una postura de poder.

Practicar este ejercicio con regularidad es una manera excelente de utilizar este truco poderoso de la neurociencia para entrenarte a sentir compasión por ti mismo y por los demás.

En resumen, la autocompasión es un antídoto para la autocrítica y también alivia el dolor cuando las cosas no salen según el plan previsto. Es el arte de tratarnos con la misma paciencia, comprensión y amabilidad con que trataríamos a los demás cuando cometemos un error, nos sentimos heridos o decepcionados o fracasamos en algo.

Es extremadamente saludable, ya que contrarresta la inflamación que hay en el interior del cuerpo y, por lo tanto, ofrece protección contra las enfermedades. En realidad, es un triple

antiinflamatorio, porque reduce no solo la inflamación biológica, sino también la inflamación del yo (autocrítica) y la inflamación en las relaciones.

Para aprender autocompasión podemos utilizar estrategias como la de cambiar un pensamiento, hacer la meditación
amor-amabilidad, escuchar a nuestro Buda interior y adoptar
una postura de compasión.

Capítulo 11

El perdón

«Una de las claves para conseguir la
felicidad es tener mala memoria.»
RITA MAE BROWN

Todos nos hemos equivocado. Todos hemos cometido errores de juicio. Todos hemos herido a otra persona. En un momento dado, nadie se escapa de haber actuado mal, a veces con consecuencias muy dolorosas. Y si hay algo que todos necesitamos, es el perdón.

Perdonarnos a nosotros mismos

Uno de los obstáculos que se interponen en el camino del amor por uno mismo o la autocompasión es no ser capaz de perdonarnos a nosotros mismos. «¿Cómo puedo amarme a mí mismo si he hecho tal y tal cosa?» es lo que solemos decirnos.

Aquí es donde entra el perdonarse a uno mismo. No eres el único que se arrepiente. A todos nos pasa. A algunos más, a otros menos. Pero lo importante es que a *todos* nos pasa.

Por nuestra propia salud y cordura, es importante ser capaz de superar estos obstáculos. Para empezar, el perdón, como la autocompasión, es extremadamente saludable. Las investigaciones demuestran que el perdón, hacia nosotros mismos o los demás, es bueno para el corazón.[1] En realidad ensancha nuestras arterias e incrementa el flujo sanguíneo hacia el corazón. Asimismo, reduce la presión sanguínea y el ritmo cardíaco. Mejora la función coronaria en las personas que han sufrido un ataque al corazón. Mejora el sistema inmunitario. Las personas que han aprendido a perdonar tienen menos probabilidades de sentirse deprimidas, enfadadas, resentidas, heridas, estresadas, angustiadas o con ansias de venganza. En general, el perdón es algo muy saludable.

Realiza el siguiente proceso de perdonarte a ti mismo.

EL GIMNASIO DEL AMOR POR UNO MISMO:
Perdónate a ti mismo

♦   Reflexiona sobre alguna de las maneras en que el perdón es bueno para tu salud (de la lista anterior). Hay personas a quienes les resulta útil hacer un dibujo. Por ejemplo, podrías dibujar tu corazón con un emoticón sonriendo o con una foto tuya en la que se te vea relajado y sintiéndote en paz.

♦   ¿Juzgarte por los errores del pasado te está haciendo algún bien? Si no es así, ¿por qué no? Por ejemplo, ¿está afectando a tu salud, mental o física? Piénsalo. ¿Te está frenando en la vida?

♦   ¿Cómo podría mejorar tu vida si dejaras de pensar en ti de esta manera?

♦   Escribe una afirmación positiva o alguna otra que te ayude cada vez que tu antigua manera de pensar asome a tu mente. Podrías utilizar algo así como «Elijo soltar eso y, al hacerlo, me libero».

♦   Ahora trabaja la autocompasión. Reflexiona y piensa que todos nos equivocamos, cometemos errores de juicio, herimos a las personas, perdemos el norte de vez en cuando… Reflexiona sobre el hecho de que solo somos humanos.

◆ Ahora considera lo que diría tu Buda interior sobre el tema. Si estuvieras ayudando a un ser amado a perdonar y él o ella estuviera planteándose este tema, ¿qué le dirías y cómo lo dirías?

◆ Resarcimiento. No siempre es necesario, pero hazlo si crees que así te ayudará. Si has herido u ofendido a alguien en el pasado, ¿existe la posibilidad de poder repararlo? ¿Podrías disculparte? ¿O podrías actuar de alguna otra manera para equilibrar las cosas? Por ejemplo, si alguna vez heriste a una ex pareja teniendo una aventura, ¿puedes hacer una donación a alguna asociación caritativa que preste su apoyo a gente angustiada?

El proceso del perdonarse a sí mismo puede realizarse tantas veces como sea necesario hasta que el tema se resuelva. A muchas personas les gusta tratar semanalmente el mismo tema durante unas cuatro o seis semanas. A otras les gusta hacerlo a diario durante cuatro días consecutivos. Lo que sucede con el perdón es que es un proceso que no debería realizarse con prisas. No se trata de buscar la varita mágica, ese pensamiento que libera todo el sufrimiento del pasado. Aunque eso a veces ocurra, para la mayoría revivir un tema reiteradamente es la manera más poderosa de hallar la paz.

Veamos otro proceso para perdonarse a sí mismo, muy simple.

EL GIMNASIO DEL AMOR POR UNO MISMO: ¿Cuál era mi intención?

Digamos que una vez heriste los sentimientos de alguien y lo lamentas. Imaginemos que fueron los de tu cónyuge, un miembro de la familia o un amigo íntimo (que son los más comunes).

◆   ¿Tenías la intención de herir a esa persona o estabas abrumado y confuso? Pregúntate a ti mismo: «¿Cuál era mi intención?» Ve más allá de lo superficial y recuerda lo que pensabas en esa época, aunque estuvieras enfadado y quisieras herir a esa persona.

◆   Imagínate como un observador que mira su propio rostro. ¿Tienes cara de enfadado? ¿Qué hay debajo de esa rabia? ¿Dolor quizá? ¿Sufrimiento?

◆   Considéralo con mayor detenimiento. ¿Qué hay debajo de eso? ¿Miedo? ¿Miedo de no ser amado? ¿Miedo de perder la conexión o la pertenencia?

◆   Vuelve a preguntarte a ti mismo: «¿Cuál era mi intención? ¿Quería herir a la otra persona o quería que comprendiera mi dolor o mi miedo?»

En realidad nadie quiere herir a los demás (salvo contadas excepciones). Por eso nos sentimos tan mal luego, y nos arrepentimos. En realidad, nuestro amor por una persona es lo que a menudo causa que agredamos a otro… Quizás amamos a alguien, pero tememos no ser correspondidos.

¿Cuántas veces has pronunciado las palabras «No quería hacerte daño»? Y seguro que era cierto. Por eso, este ejercicio es útil para trabajar la autocompasión y el perdón de uno mismo, porque ayuda a recordarte que en general es el miedo lo que hace que pronunciemos palabras hirientes o nos comportemos mal, y bajo el miedo subyace el amor.

Las cosas que han sucedido no pueden cambiar, pero eso te permite ser un poco más sensible con el sufrimiento que te causa el arrepentimiento.

Perdonar a los demás

Perdonar a los demás es un efecto colateral natural del amarse a uno mismo. De hecho, hay personas que se resisten a trabajar la autoestima porque no quieren trabajar el perdonar a los demás: «No quiero empezar a sentir compasión por la gente que tiene lo que se merece. ¡No permitiré que se vayan de rositas!»

Perdonar no consiste en aceptar el comportamiento de los demás. Tan solo es elegir soltar el pasado para poder avanzar hacia el futuro.

Aferrarse a la rabia que se siente hacia otro no es nada saludable, y en cambio los beneficios del perdón son muchos, sobre todo para el corazón y las emociones.

● ●

EL GIMNASIO DEL AMOR POR UNO MISMO: El proceso de perdonar a los demás

Este es el proceso de perdonar a los demás. Observarás que es muy similar al proceso de perdonarse a uno mismo.

♦ Reflexiona y piensa cómo y por qué el perdón es bueno para tu salud.

♦ Pregúntate si te hace bien aferrarte al pasado. Si no es así, ¿por qué? ¿Cuáles han sido las consecuencias de aferrarte a una herida o un dolor pasados?

♦ Escribe cómo el perdón puede afectar positivamente a tu futuro.

♦ Escribe una declaración positiva o una afirmación que te repetirás la próxima vez que tengas un pensamiento sobre el tema. Por ejemplo, puede ser del tipo: «Elijo que esto pase y al hacerlo me libero».

♦ Muchos cuentan su pasado a los demás, sobre todo cuando se conocen. Si es tu caso, y tu pasado está lleno de antiguos sufrimientos, escribe tu pasado de manera que refleje que tienes la intención de avanzar de manera positiva. Así estarás preparado la próxima vez que conozcas a alguien.

♦ Esfuérzate por conseguir ser empático. Reflexiona y piensa que tú también has herido a otros en el pasado. Recuerda que todos somos humanos. Trata de entender un poco a la persona que te hirió, por muy difícil que pueda ser. No se trata de que se salga con la suya. Solo de que puedas encontrar algo de paz en ti mismo.

♦ Escribe en qué te benefició todo lo que te pasó. Por ejemplo, si tu pareja se lió con otra persona, podrías reflexionar sobre el hecho de que ahora tienes una nueva pareja, hijos y unos amigos fabulosos que quizá no tendrías si te hubieras quedado con esa persona.

El propósito de este paso es cambiar tu percepción del pasado.

Como sucede con el proceso de perdonarnos a nosotros mismos, tampoco en este caso deberíamos ir con prisas. Puedes hacerlo a diario o semanalmente, hasta que sientas que el problema empieza a resolverse.

* * *

En resumen, perdonándonos a nosotros mismos y a los demás, conseguiremos ver las ventajas que el perdón tiene en nuestra vida. Incluso podemos ir más allá y llegar a comprender, por ejemplo, que no hay nada que perdonar, que todo sucede como tiene que suceder. O que todo y todos somos una expresión del amor, o de Dios, y que los errores tan solo forman parte de nuestro crecimiento. Incluso podemos encontrar consuelo en la idea de que las almas pactan herirse u ofenderse las unas a las otras para que todos podamos crecer a través de la experiencia.

Sin embargo, lo que importa es que el perdón, hacia nosotros o hacia los demás, disuelve los obstáculos que nos guían hacia el crecimiento y con ello allanan el camino hacia el amor por uno mismo.

Capítulo 12

¿Qué estás haciendo por ti?

«Lo que determina el nivel de autoestima
es lo que el individuo hace.»

NATHANIEL BRANDEN, *Los seis pilares de la autoestima*

¡Esta es una pregunta importante! En serio, ¿qué estás haciendo por ti?

Si estás leyendo este libro, adivino que no mucho. No te preocupes. No eres el único.

Quizás hace mucho tiempo que no haces nada por ti mismo y en lugar de eso has dado tu tiempo, tu amor, tus cuidados y atención a los demás, hasta el punto de que si te preguntara «¿Qué quieres?» o «¿Qué necesitas?», lo pensarías durante un segundo y dirías: «Nada, de verdad». Pero apuesto lo que sea a que no se trata de que en realidad no quieras o no necesites nada. Lo que ocurre es que hace tanto tiempo que no has hecho nada por ti que ahora te resulta muy difícil, extraño incluso, saber lo que *sí* quieres. Es el síntoma común del «No soy lo bastante bueno».

Pero ¿es cierto que no puedes sacar algo de tiempo para ti? ¿De verdad no te gustaría organizar mejor tu vida o centrarte un poco más en tus esperanzas o en tus sueños, o en leer libros que habías olvidado que te gustaban? ¿No te gustaría hacer espacio en tu vida para una relación si eres soltero o añadir más chispa a tu relación si estás comprometido?

¿Te gustaría que tu vida tuviera más sentido? ¿Te gustaría tener un propósito que te hiciera ilusión y te impulsara a salir de la cama por la mañana porque estás impaciente por que empiece el día? ¿Te gustaría controlar tus finanzas, en lugar de no llegar a final de mes? ¿Te gustaría estar físicamente en forma o mejorar tu dieta?

Es difícil pensar en ello cuando estás en esa etapa del «No soy lo bastante bueno», porque parece imposible. Lo normal es ofrecernos a los demás. Es como un camino bien trillado. Créeme, sé lo que se siente. Escribo por experiencia. Yo era una de esas personas que siempre responden con un «No necesito nada, de verdad». De hecho, me enorgullecía de no querer nada. Me convencía de que era la consecuencia de estar iluminado. Pero lo cierto era que no estaba acostumbrado a centrarme en lo que necesitaba, y ya no sabía cuáles eran mis necesidades. Me había forjado una identidad de persona amable. Y vinculaba mi valor personal a esa identidad. El problema era que había olvidado que yo también necesitaba ser amable conmigo mismo.

¿Qué quieres? ¿Qué necesitas?

¿Por qué no empezar siendo amable contigo mismo en este preciso instante? No hay mejor momento que el momento presente.

EL GIMNASIO DEL AMOR POR UNO MISMO:
Tus deseos y tus necesidades

Te plantearé de nuevo unas preguntas:

◆   ¿Qué quieres?

◆   ¿Qué necesitas?

◆   Si te cuesta mucho contestar, intenta darle la vuelta: ¿te olvidas de algo? ¿Qué falta en tu vida?

Por favor, no sigas leyendo. Coge un bolígrafo y papel. Si no tienes a mano, utiliza la última hoja en blanco que hay al final del libro y escribe ahí. Y ahora piensa en lo que quieres y necesitas y escríbelo. Escríbelo en tu móvil como mensaje de texto, escríbelo en la aplicación de notas de tu *smartphone* o en tu tableta. Garabatéalo en la tierra con el pie si es necesario, pero escribe algo, cualquier cosa.

Escribir cualquier cosa es dar un paso en la dirección adecuada. Y tienes diez segundos a partir de… No, ¡es broma! No hay límite de tiempo. No me importa si tardas un mes. Pero empieza ahora.

Vale, bienvenido otra vez al libro. ¿Has hecho la lista de tus deseos y necesidades?

El próximo paso será elegir lo que es realmente importante para ti y decidir lo que vas a hacer.

● ●

EL GIMNASIO DEL AMOR POR UNO MISMO: Tus deseos y necesidades (continuación)

◆ Escribe al menos un paso para lograr cada uno de los deseos y necesidades de tu lista.

Por ejemplo, si quieres tener más salud, puedes decidir escribir un plan de dieta o pedir consejo. O quizás has estado postergando el sueño de ser escritor y publicar tu obra y ahora decidas elaborar un borrador para escribir un libro.

◆ Imponte un tiempo límite para emprender esa acción (¡esta vez hablo en serio!).

Por ejemplo, podrías escribir un plan de dieta este fin de semana. O bien podrías reservar una hora durante un día o una noche en concreto de la semana para trabajar en tu libro.

● ●

Incluso hacer un plan como este es poner la pelota en movimiento.

Coge tu vida por el cogote

No hay nada que se asocie tanto al «No soy lo bastante bueno» como descuidar tu vida como si fuera una casa abandonada, y pocas cosas hay que reflejen tanto el «Soy lo bastante bueno» como el tomar el control de tu vida y satisfacer algunos de tus deseos y necesidades. Una gran parte del amor por uno mismo consiste en tener la vida cogida por el cogote.

¿Qué te parece?

EL GIMNASIO DEL AMOR POR TI MISMO: Asumir el control

Escribe las cosas para las que te consideras preparado en las siguientes áreas. Te aseguro que ocuparme de ellas me dio un gran empujón.

1. Ordenar.

2. Controlar las finanzas.

3. Conseguir dar sentido y propósito a tu vida.

4. Estar preparado para decir «no».

5. Reconducir tus relaciones.

6. Ocuparte de lo que siempre has ido posponiendo.

7. Mejorar tu salud.

1) Ordenar

¿Tu cuarto, la oficina, tu casa o el jardín están descuidados? ¿Vives en el desorden? Tu entorno refleja tu mente. Un entorno bien ordenado refleja una mente ordenada.

El objetivo es crear un entorno que sea fecundo. El desorden no es fecundo. Cuando hayas empezado a poner orden, generarás un espacio para las cosas que sí lo son. Quizás estemos hablando de retratos, adornos, artefactos, un nuevo papel pintado… Incluso podrías emplearte en una reforma general.

Para empezar, escribe en el espacio inferior lo que te has propuesto y cuándo quieres hacerlo:

Para ordenar mis cosas, mi intención es:

_____

Y mi propósito es hacerlo así:

_____

Quizá te des cuenta de que he escrito «Mi propósito es hacerlo así», en lugar de «Lo haré así». Aunque lo que quiero es que te comprometas a emprender alguna acción en tu vida, no vayas a torturarte si después de establecer los objetivos no encuentras el tiempo para llevarlos a cabo. Hazlo lo mejor que puedas, pero acepta las cosas como son si no consigues ceñirte a tus planes, porque la vida pasa. Y siempre habrá tiempo para retomarlos…

2) Controlar tus finanzas

Si estás endeudado, esboza un plan de pago. Haz algo, cualquier cosa, pero no te quedes sentado dándole vueltas a tus problemas. Si no sabes lo que hay que hacer, habla con alguien que sepa de qué va el tema. Que te aconsejen, y permite que te ayuden a decidir cuáles son los pasos que debes dar.

Si eres bueno con los números, ¿qué tendrías que hacer para dominar mejor tus finanzas?

Plantéatelo como un objetivo importante, porque el control sobre tu economía te permite tener el tiempo y la energía para hacer aquello que te importa de verdad.

Para controlar mis finanzas, tengo la intención de:

_____

Y mi propósito es hacerlo así:

_____

3) Conseguir dar sentido y propósito a tu vida

Empieza permitiéndote soñar con lo que significaría tener un propósito en la vida. Hay dos buenas maneras de hacerlo:

1. La primera es coger un papel, poner la alarma del reloj en diez minutos y escribir todo lo que te venga a la mente para que la vida tenga sentido para ti.

2. O bien échale paciencia y afirma cada día que «El sentido y el propósito fluyen a mi vida».

Haz lo que quieras, y luego siéntate a observar qué pasa. Anota en especial lo inesperado. Los acontecimientos inesperados y los encuentros casuales a menudo son la puerta de acceso a algo que tiene un mayor sentido, sobre todo si ese es tu objetivo. Aun cuando lo inesperado parezca absurdo en ese momento, he descubierto la utilidad de afirmar: «Vale, veamos a dónde conduce esto».

Ya he explicado que acepté dos trabajos en la enseñanza mientras estaba escribiendo mi primer libro. Lo hice porque mi fase de iluminación me dejó sin dinero. Parecía que estuviera dando un paso atrás, porque limitaba más el tiempo de que disponía para escribir, y además iba a dedicarme a lo mismo que había hecho en la universidad, en lugar de abrazar mis nuevas ideas filosóficas. Sin embargo, fue genial para mí, porque adquirí una experiencia vital en el campo de la enseñanza que me ayudó a perfeccionar mi manera de comunicarme. También me motivó para que estructurara el tiempo que iba a dedicar a escribir. Como consecuencia, terminé el libro antes de lo que creía.

Cuando estás buscando un sentido, presta atención a las conversaciones de los amigos, familiares y colegas del trabajo. Te fijarás en cosas que antes no habrías detectado porque no estabas buscando sentido a tu vida de una manera activa.

Para conseguir más sentido y propósito en mi vida,
tengo la intención de:

_____

Y mi propósito es hacerlo así:

_____

4) Estar preparado para decir «no»

¿Dices que sí a todo el mundo por obligación?

¡Basta ya!

Con eso, queda dicho todo.

5) Reconducir tus relaciones

¿Tienes algún problema con tus relaciones que te esté mareando?
¿Necesitas tener una conversación con alguien? ¿Has estado descui-
dando alguna de tus relaciones? ¿Qué necesitas para reconducirla?

Pregúntate qué necesitas para dejar las cosas en su lugar. ¿Necesitas
disculparte con alguien? Eso requiere valor, y te coloca en una situación de vulnerabilidad, pero como compensación aclaras las ideas y
das un gran paso hacia «ser lo bastante bueno».

¿Quieres más pasión en alguna de tus relaciones? Sé tú quien la gene-
re. No esperes que sea el otro quien saque el tema en la conversación.
Planea una cena romántica. Haz un esfuerzo.

Para reconducir mis relaciones, tengo la intención de:

_____

Y mi propósito es hacerlo así:

_____

6) Retomar esas cosas que se han pospuesto

Tener un montón de cosas por hacer es vivir en un desorden psicológico (como opuesto al desorden físico de tu entorno; véase más arriba). Es algo que nos marea mentalmente y nos da la sensación de que estamos fuera de control. Dejar claros los puntos de tu lista, tanto si se trata de pasar unos días respondiendo correos electrónicos, limpiando el jardín, devolviendo llamadas telefónicas, reuniéndote con otras personas o manteniendo conversaciones que has estado evitando es muy liberador. Literalmente, es como si te quitaras un peso de los hombros.

Una manera simple de hacerlo es reservarte un par de días. Vale la pena, de verdad. Si trabajas a jornada completa, hazlo durante tus vacaciones. Que ese día sea divertido. Hazlo con ilusión. Todo será mucho más fácil.

Aunque sientas que estás demasiado ocupado para encontrar el momento, hazlo. Probablemente descubrirás que todo lo que haces resulta más eficaz porque tendrás más energía, y tu mente será más libre, creativa y perceptiva.

Para hacer las cosas que he ido posponiendo,
tengo la intención de:

_____

Y mi propósito es hacerlo así:

_____

7) Mejorar tu salud

¿Qué estás dispuesto a hacer con el fin de tener la vida cogida por el cogote? ¿Estás preparado para ponerte a hacer más ejercicio? ¿Puedes levantarte pronto e ir a correr, hacer gimnasia o nadar? Mucha gente de éxito hace ejercicio a primera hora de la mañana como si en su horario constara la ocupación de conservar la salud.

¿Y tus hábitos dietéticos? ¿Qué cambios estás dispuesto a hacer para tener más salud?

Una de las primeras cosas que descuidamos cuando nos decimos que no somos lo bastante buenos y entregamos la mayor parte de nuestra energía a los demás es la salud. Por lo tanto:

Para mejorar mi salud, tengo la intención de:

_____

Y mi propósito es hacerlo así:

_____

• •

¿Por qué no es egoísta cuidar de tus propias necesidades?

Es admirable ser un buen amigo, un padre o un samaritano. ¡El mundo necesita mucha gente así! Creo fervientemente que un pequeño grupo de gente que sienta compasión y amabilidad en su corazón puede cambiar el mundo.

Pero también creo que lo harán mejor si disponen de una mayor energía. Y hay que vivir desde el «Soy lo bastante bueno» para tener más energía. El «No soy lo bastante bueno» es agotador. Es emocionalmente agotador. Es mental y físicamente agotador. Lo sé porque he vivido la mayor parte de mi vida así. Lo único que hará la adrenalina será llevarte más lejos, hasta dejarte agotado del todo. Y engañarte a ti mismo te llevará igual de lejos.

¿A qué me refiero cuando hablo de «engañarse a uno mismo»? Me refiero a la manera que tenemos de decirnos que no necesitamos nada más, y que dar al prójimo te da tanta energía espiritual que eso satisface todas tus necesidades energéticas. Si lo sientes así, fantástico. Si puedes decir honestamente que no deseas tener más tiempo para ti mismo, o que haya un poco de magia en tu vida, o que seas tú quien gobierna tu vida, o disponer de tan solo un momento para sentarte al sol con una copa de vino, fantástico. Quizás ese fuera el caso de la Madre Teresa, pero, honestamente, no me he cruzado con muchas Madres Teresas en mi vida. En parte, «ser lo bastante bueno» consiste en ser honesto con uno mismo. Consiste en tener compasión de uno mismo.

Es cierto que dando se consigue una gran energía espiritual. Es lo más energético que existe. ¡He escrito este libro pensando en ello! En *Why Kindness is Good for You*, constaté que la amabilidad nos beneficia espiritual, emocional y físicamente. Dar genera enormes cantidades de energía. ¡Pero hay que seguir respirando! ¡Necesitamos seguir comiendo! Y tenemos muchas otras necesidades, incluyendo la necesidad de disfrutar de los placeres, de la felicidad, de tener tiempo y de que entre la magia en nuestra vida.

El amor por uno mismo no es egoísta. Como dije al principio, esa frase no significa «Ámate a ti mismo, en lugar de amar a los demás». De hecho, cuanto más nos amemos, más amor tendremos para dar a los otros.

El amor por uno mismo es una pastilla de jabón interno. Limpia nuestro corazón y nuestra mente, y deja mucho espacio para la compasión y la amabilidad. Y la amabilidad en sí misma es más limpia, fresca, natural, honesta y directa, más eficaz incluso, y es de corazón.

En ese momento nos convertimos en una de esas personas que, con compasión y amabilidad en el corazón, pueden cambiar el mundo.

En resumen, cuando sentimos que no somos lo bastante buenos, es muy probable que en realidad no estemos cuidando bien de nuestras necesidades. Es más, lo más seguro es que estemos ignorando nuestros deseos y necesidades.

Por eso, dar un gran paso hacia delante es tomar las riendas de nuestra vida y asegurarnos de que satisfacemos esas necesidades y deseos. Cuando controlemos nuestro entorno, nuestras finanzas y relaciones y nuestra salud, y cuando aprendamos a decir «no» de vez en cuando, empezaremos a sentirnos mejor, más fuertes y equilibrados, y entonces ya podremos decir «Soy lo bastante bueno».

Cuarta parte

¿A dónde vas?

«*La vida se encoge o se expande en proporción al valor de cada uno.*»

Anaïs Nin

Capítulo 13

Da un paso y sal fuera

«Si crees que le falta algo a tu vida,
probablemente seas tú.»

Robert Holden, doctor en filosofía

Has emprendido una acción, pero ahora que estás afianzando el amor por ti mismo es hora de mirar cómo das el paso y logras lo que quieres en la vida.

Una parte muy importante del amarse a uno mismo es emprender la acción. Y es mantenerse firme diciendo que «somos lo bastante buenos». En general, eso significa que tienes que obligarte a salir de tu zona de confort. Para ser sincero, probablemente los mejores beneficios que experimentarás en las apuestas por la valía propia llegarán cuando te obligues a salir de esa zona.

Siente el miedo

En *Aunque tenga miedo, hágalo igual*, Susan Jeffers escribió: «El hacerlo primero va antes del sentirse mejor con uno mismo». Si has tenido miedo de hacer cosas en el pasado (miedo de tener esa conversación, miedo de hacer esa llamada telefónica, miedo de pedirle un aumento al jefe) y estás asustado porque en tu interior has sentido que no eras lo bastante bueno, emprender la acción potenciará la sensación de que tú vales. ¡Pero primero viene la acción!

Probablemente sigues asustado. Es muy probable. Todos nos asustamos, incluso los que parecen muy seguros de sí mismos y presumen de sus logros. La mayor parte del tiempo, lo hacen para sentirse bien consigo mismos porque están tan asustados como tú.

Muchas personas deciden no actuar hasta haber leído los libros suficientes, ido a talleres, visto entrevistas y documentales, crecido lo bastante, y conseguido esa percepción mágica o iluminada que se lleva el miedo. Piensan que luego será más fácil. Podría ser, pero no de la manera que creen.

No se supera el miedo leyendo libros o asistiendo a seminarios, y tampoco quedándose sentado en casa esperando que el mundo venga a buscarnos. Se supera cuando damos un paso y salimos al mundo, cuando nos mostramos tal como somos. Se supera cuando damos un paso, salimos y decimos: «Aquí estoy, mundo».

Al actuar así, le decimos al mundo, al universo, o como quieras llamarlo, que estamos preparados. Y cuando lo hemos hecho una vez, ¿sabes qué?, ¡volvemos a hacerlo, una y otra vez! Es una acción sistemática que nos conecta y nos da el sentido de ser lo bastante buenos. ¡Repetición, repetición y más repetición!

· ·

♥🏋 EL GIMNASIO DEL AMOR POR UNO MISMO:
Recuerda tu valor

Te presento un ejercicio para ayudarte a tener el valor de dar un paso y salir.

◆ Piensa en esas veces que en el pasado tuviste miedo de hacer algo, pero lo hiciste igualmente. ¿Qué hiciste? ¿Cuál fue el resultado? ¿Cómo te sentiste después? ¿Te hizo sentir mejor? Escríbelo.

Por ejemplo, yo tenía miedo de hablar en público, pero me obligué a hacerlo y ahora francamente me gusta. En tu caso, podría tratarse de una época en la que tuvieras miedo de pedirle a una persona que saliera o bailara contigo. O quizá tuviste que correr un riesgo en el campo de los negocios. O puede que tuvieras miedo de comprar tu casa. Aunque no saliera de la manera que tú querías, puedes considerarlo el ejemplo de haber tenido el valor de actuar.

· ·

Salvando las distancias

Una vez conocí a un informático con mucho talento. Era una persona encantadora, y sus ideas y sueños podrían haberse transformado en la creación de una empresa de tecnología que pudiera cambiar las vidas de las personas. En su interior, sin embargo, creía que no era lo bastante bueno. Miraba a Mark Zuckerberg y a Steve Jobs con gran admiración. Pero imaginaba que todos tendrían ese saber hacer que él no poseía. Ignoraba que ellos habían empezado sin nada y no tenían ni idea de cómo harían realidad sus sueños.

La idea de que los demás tienen algo de lo que tú careces es lo que representa un problema. Se infiere que no eres lo bastante bueno. Y te impide actuar basándote en tus esperanzas y sueños.

Mi sueño era ser maestro, y hablar de temas que me inspiraran. En 1999 asistí a un seminario titulado «Suelta el poder de tu interior», de Tony Robbins. Una de las grandes enseñanzas de Tony fue la importancia de emprender la acción, sobre todo una acción masiva. Por eso emprendí una acción masiva. Regresé al trabajo al día siguiente y renuncié a mi empleo.

A veces la acción exige no pensar las cosas demasiado. Cuanto más las pensamos, más probable es que encontremos razones para creer que nuestros planes no funcionarán o para quedarnos enganchados en los problemas que pueden surgir. Y surgirán, de hecho, por nuestros sentimientos de no ser lo bastante buenos. La gente que vive del «Soy lo bastante bueno» raramente piensa mucho las cosas. Tienen un sueño y saben que de alguna manera lograrán hacerlo realidad.

Otros no estamos tan seguros. Unos meses después de dejar el trabajo, adquirí la costumbre de sentarme en una pequeña cafetería del oeste de Glasgow a tomar café y leer. En esa época estaba leyendo *Conversaciones con Dios*, de Neale Donald Walsch. También escuchaba muchos audios de Wayne Dyer en el coche. Pero aunque había dejado el trabajo para dedicarme a lo mismo que ellos, cuando en realidad pensaba en ello, me parecía un sueño inalcanzable. Soñaba con hacerlo. Maldita sea, había dejado mi trabajo para hacerlo. Pero ahora a duras penas caminaba en esa dirección porque, en el fondo, creía que no era lo bastante bueno. No era una creencia consciente, más bien era una asunción que daba color a mis pensamientos e inhibía cualquier acción significativa.

Sin quererlo, me comparaba con Neale y con Wayne. Me encantaba lo que estaban haciendo. Sus palabras me conmovían y me inspiraban de una manera como nunca antes había sentido. Ese era en realidad parte del problema.

Imaginaba que a cualquiera que entrara en contacto con Neale o Wayne le cambiaría la vida en cinco minutos, tal era la sabiduría de sus palabras. Pero a mí no parecía que se me diera muy bien ayudar a las personas a resolver sus problemas. Tenía amigos que estaban tan jodidos como hacía cinco años. Si yo podía tener alguna clase de influencia, seguro que a esas alturas ya estarían curados. E incluso yo mismo...

Por otro lado, me faltaba la confianza, a pesar de hablar claro y haberme embarcado en la idea de «haber tenido el valor de dejar el trabajo», y lo sabía. Neale y Wayne sin duda eran personas con una gran confianza en sí mismas.

Además, eran hombres completos, estaban curados, eran perfectos. Yo no.

No pensaba en estas cosas de manera consciente. Era algo que tenía asumido, lo que, en mis momentos de introspección, me llevaba a imaginar que había una distancia enorme entre mis héroes y yo, y entonces se me hacían evidentes mis propias deficiencias.

La valía personal está en el interior. Es algo muy íntimo. Se encuentra en nuestros pensamientos y sentimientos más íntimos. Y se vuelve visible en las comparaciones que establecemos entre nosotros mismos y los demás.

Comparto mi propia experiencia porque he aprendido que es mucho más común de lo que se puede llegar a pensar. Todos se comparan con los demás de alguna manera, y se encuentran carencias. Y eso abarca desde lo listos que son los demás, la confianza o el dinero que tienen, los recursos, lo guapos o delgados que son, la poca celulitis que tienen, lo completos que son... Todos perciben una distancia entre sí mismos y los demás. Y esa distancia impide la acción.

En realidad no existen las distancias. Es algo artificial. El único lugar donde existen es en el interior de nuestras mentes.

Además, como espero que recordarás, en realidad nunca sabemos lo que está sucediendo en la mente de otra persona. Con toda probabilidad, la gente con la que nos comparamos tiene miedos idénticos a los nuestros e inseguridades idénticas sobre su propia valía, con independencia del oficio o profesión que ejerzan en este mundo. Todos somos humanos, después de todo.

Una vez trabajé con una chica que era hermosa. Todos lo decían. Las otras chicas se sentían inseguras cuando estaban a su lado. Se comparaban con ella y sentían que no eran lo bastante buenas. Veían en ella a una mujer segura. Deseaban poder flirtear con los hombres como ella. Pero no sabían que esa chica era tan insegura como ellas mismas. La razón por la que se tomaba tantas molestias en ponerse atractiva era porque se sentía muy insegura. Allí donde todos veían belleza, ella solo veía deficiencias, algo que necesitaba mejorarse. Sentía que no era lo bastante buena.

No había distancia entre el modo en que la chica se sentía y cómo la veían los demás. ¿Y tú? ¿Crees que hay una distancia entre tú y los demás? ¿Hay alguna distancia que te impida afirmar tu valía, dar un paso y salir al mundo y decir: «¡Quiero que sepáis que yo soy lo bastante bueno!»?

Cuando quitas la distancia (de la mente), llegan las reflexiones, las percepciones se transforman, se emprende la acción y todo cambia.

· ·

EL GIMNASIO DEL AMOR POR UNO MISMO:
Salvar las distancias

La mente trabaja de manera simbólica. Si percibes que existe una distancia entre donde tú estás y el lugar donde están los demás, haciendo lo que a ti te encantaría o siendo lo que tú querrías ser, imagínate que construyes un puente hacia eso. Que sea bonito.

Quizás en el puente encuentres gente, o incluso ángeles, que te ayuden a cruzarlo. Haz que sea un día soleado. Plantéatelo como una meditación. Ponte música buena y crea un entorno agradable.

El puente simbólico de la mente, y tener que cruzarlo, te ayudará a sentirte mejor contigo mismo y a confiar más en que conseguirás llegar a donde quieres ir.

· ·

A menudo hay cosas que podríamos hacer para mejorar nuestra vida, pero no las hacemos porque nunca se nos ocurre que podemos llevarlas a cabo. Si nuestro supuesto base es que no somos lo bastante buenos, asumiremos que los demás tienen recursos, confianza y creen en sí mismos, y nosotros no. Podemos atribuir el éxito de los demás al dinero o la posición. Nosotros tampoco los tendremos. Pero a menudo suceden grandes cosas a personas que empezaron sin nada; y retraerse casi siempre se atribuye al sentimiento de no ser lo bastante bueno.

Si te estás retrayendo porque percibes que existe una distancia entre tú y los demás, una manera de acortarla es ponerse a pensar en lo que hacen los otros e imaginar cómo podrías hacerlo mejor. Te ayudará a tener menos miedo de emprender la acción y también a darte cuenta de que puedes llevar a cabo tus sueños.

EL GIMNASIO DEL AMOR POR UNO MISMO:
Hazlo mejor

♦   ¿Qué hacen los demás que podrías hacer tú también?

♦   ¿Cómo podrías hacerlo mejor que los demás? ¿Qué mejoras puedes identificar?

♦   Elige tres cosas y emprende al menos una acción que te ayude a conseguirlas en las próximas cuarenta y ocho horas. Por ejemplo, si los demás hacen cursos *online* y a ti te gustaría hacer uno también, podrías apuntarte a uno de los cursos para ver cómo se hace. O podrías hablar con alguien para empezar.

Interactúa y sé amable

Como aprendimos antes, ser auténtico crea conexiones. Es importante, entonces, dar el paso y salir al mundo, que interactuemos con los demás tanto como podamos y de una manera auténtica. Eso contribuirá a forjar nuestra confianza y también nuestra sensación de valía.

Cuando nos falta eso, en general perdemos confianza y en realidad nos alejamos de la gente. Pondremos mil excusas para no relacionarnos. Podemos criticarlos y pensar que somos superiores. Pero solo nos estaremos fijando en sus deficiencias como un medio de conectar con nuestro déficit de autoestima.

Cuando nos sentimos bien con nosotros mismos, la conexión es normal. En un estado de ser lo bastante bueno, no hay obstáculos para la conexión.

Si le damos la vuelta, si salimos y conectamos, empezaremos a sentirnos lo bastante buenos. Por eso plantéate en serio relacionarte con la gente: dependientes, camareros, policías, incluso los que te dan el tique del parking. Si no estás acostumbrado a eso, ha llegado el momento de hacerlo, y de hacerlo bien. Oblígate a salir de tu zona de confort. ¡Te ayudará! Aunque parezca extraño, casi vergonzoso, adelante.

Interésate en la gente. Y aprovecha todas las oportunidades para ser amable. La amabilidad abre los corazones. Facilita la vulnerabilidad. Disuelve la vergüenza. Hace que te muestres a ti mismo tal como eres. Muestra que *eres* lo bastante bueno.

¿Y sabes por qué? Porque *lo eres.*

Abandona tu zona de confort

Al dar el paso y salir al mundo, descubrimos que el miedo desaparece y que podemos vivir en la felicidad y la alegría. Salvo que… no es así exactamente como funciona. El miedo no desaparece, sobre todo si seguimos desafiándonos y expandiéndonos.

Parte de la dificultad que mucha gente tiene con el hecho de dar el paso y salir al mundo es que quieren que el miedo desaparezca. Parte de la atracción de los libros sobre iluminación, y eso lo digo por propia experiencia, es la esperanza de que por medio de la iluminación podamos anular el miedo. Pero ¿y si pudiéramos cambiar nuestra relación con él? ¿Y si pudiéramos aceptarlo? Significaría que podríamos vivir más en paz, que nos acostumbraríamos más a él, y que el miedo dejaría de aferrarse a nosotros.

Necesitamos hacer el cambio, porque según mi experiencia el miedo nunca desaparece mientras seamos conscientes de que estamos dando un paso para salir al mundo. Si podemos abandonar nuestra zona de confort y aceptar la presencia del miedo en nuestras vidas, por arte de magia el miedo se va a convertir en un aliado, algo que esperar, incluso bienvenido, porque nos dice que lo que vamos a hacer es importante.

Por consiguiente, cógete al miedo. Da el paso y sal, y abandona tu zona de confort. Es una parte muy importante del amor por ti mismo. No es el amor por uno mismo lo que nos sacará fuera, sino que salir fuera nos aportará el amor por nosotros mismos. El amor por uno mismo a menudo está en los límites de tu zona de confort.

Ponerse el «Yo soy»

Y cuando des el paso y salgas, reflexiona sobre el hecho de que tienes el valor y la confianza para hacerlo. No te centres en los problemas que vas superando. Céntrate en cómo superas esos problemas. Céntrate en aquello que dice quién eres. Es lo que yo llamo ponerse el «Yo soy».

La confianza viene del «he hecho», pero el amor por uno mismo procede del «Yo soy». Por eso, cuando construyas el amor que sientes por ti mismo, ponle el «Yo soy». Por ejemplo:

- ◆ «Me enfrenté a un miedo» significa «Soy valiente».
- ◆ «Me enfrenté a esa persona» significa «Estoy aprendiendo a defenderme solo».
- ◆ «Hablé en público» significa «Estoy ganando en confianza.»

Recuperar estos actos de valentía y confianza te recordará que eres valiente y tienes confianza. Te ayudará a resolver otras dificultades y desafíos con la sensación de que eso tiene un sentido, y los considerarás oportunidades para crecer y desarrollar el amor por ti mismo.

En resumen, la acción es una parte absolutamente importante del amor por uno mismo. Siempre emprendemos acciones, tanto si nos damos cuenta como si no. Es importante actuar de un modo que diga «Soy lo bastante bueno». A menudo eso implica salir de la zona de confort, pero la felicidad, la satisfacción y la conexión en general se encuentran más allá.

Para alcanzarlas, necesitamos enfrentarnos a nuestros miedos, pero no es necesario que tengamos miedo de eso. Podemos aprender a cambiar nuestra relación con el miedo aceptando que el objetivo no es librarse del miedo, sino aceptar su presencia. Así es como el miedo se transforma en un amigo.

Capítulo 14

La cuarta etapa del amor por uno mismo

«He dejado el yo por el Yo Divino
y he encontrado el Camino.»

JOHN RANDOLPH PRICE

Estaba en una sala con dos hombres. Era como si estuviera haciendo el servicio militar. Sabíamos que una explosión era inminente y estábamos a punto de morir. Creí que seguiría existiendo después.

Unos segundos después, la explosión. Sentí calor. ¡Nada de dolor! Solo calor en la piel. Luego llegué a un lugar blanco y brillante iluminado por una luz blanca, suave y cálida. No estoy seguro de cuánto tiempo estuve allí antes de darme cuenta de que no tenía forma. También fui consciente de que estaba en el otro lado, y me sentí complacido de que, aunque no tuviera ya mi cuerpo, seguía vivo.

Luego oí una voz de mujer que me hablaba en susurros. No dejaba de murmurarme: «¡Tus pensamientos crean! ¡Tus pensamientos crean! ¡Tus pensamientos crean!» Y luego se convirtió en «¡Tus pensamientos crean tu mundo! ¡Tus pensamientos crean tu mundo!»

Recuerdo ese susurro con gran claridad. Puedo oírlo ahora, mientras escribo estas palabras.

Luego me desperté.

Al día siguiente me enteré de que mi tía abuela Lizzie había muerto por la mañana. ¿Me comuniqué en sueños con ella? Creo que sí. Era uno de esos sueños que parece tan real que cuando te despiertas tardas unos segundos en aceptar que solo era un sueño.

Le pregunté a mi buen amigo Kyle Gray. Es un médium muy experto y autor del éxito de ventas *Angel Prayers*.

Kyle preguntó a sus ángeles sobre mis experiencias. Y me dijo que, a causa de mi percepción sensible, mi alma supo que Lizzie estaba falleciendo y me recordó que, vayamos donde vayamos, siempre regresamos al amor y la paz. Lizzie estaba confirmando lo que yo ya sabía, que tendría una experiencia más personal del cielo. Dijo que mi mente había creado la escena de subir al cielo para que pudiera ver que todo lo que reinaba en él era amor.

«¡Guau!», exclamé. Confío en Kyle, y he recibido de él la comunicación asombrosa y ultraterrena del otro lado más de una vez. Creo en lo que dijo. Me cuadra.

Algunos pensarán que no encaja que un científico hable de que existe una vida en el más allá. No estoy en absoluto de acuerdo. No me adhiero a la idea de que la conciencia se halla en la cabeza, o es producto de la química cerebral. Tal noción no explica las numerosas investigaciones que muestran correlatos entre los estados neurológicos de personas separadas por la distancia. Creo que la conciencia es fundamental en la realidad y que, en un sentido, todo es animado por ella.

Mi creencia es que así como existen distintas formas, texturas y colores en la vida, lo mismo sucede en la conciencia, algunos de los cuales podríamos interpretar como ángeles, guías o seres queridos que han fallecido. De alguna manera, el cerebro actúa como una antena que conecta con una frecuencia que extrae de la realidad lo que conocemos como nosotros mismos y los demás.

¿Pudo la conciencia de mi tía abuela haberme visitado de verdad? Creo que sí. Creo que cuando su cerebro dejó de funcionar, su conciencia ya no se identificó con su cuerpo físico. Como podía estar en cualquier lado, fue capaz de comunicarse conmigo.

Eso me lleva a considerar una cuarta etapa del amor por uno mismo.

¿Una cuarta etapa?

¿Puede existir una especie de cuarta etapa en la progresión del amor por uno mismo desde el «No soy lo bastante bueno» al «Soy lo bastante bueno»? Bien, decir si puede existir «una especie de» no es la manera más científica de plantear una pregunta, pero eso es porque la cuarta etapa podría ser un constructor tan espiritual o religioso que algunos no se pondrían de acuerdo sobre su existencia.

Mientras que algunos creéis en Dios, el espíritu, la conciencia universal o cualquier otra cosa que elijáis para denominarlo, son muchos los que no creen. Sin embargo, con independencia de los apoyos espirituales o religiosos, cada uno de nosotros necesita amor para crecer. Es un hecho biológico, y también un hecho psicológico. Y cada persona de este planeta merece saber que vale la pena, que su propia vida es relevante. ¡Eso también es un hecho!

En el contexto de ser suficiente, me gustaría presentar algunos de mis puntos de vista personales sobre la naturaleza de la existencia y explicar por qué todos importan fundamentalmente.

No hay nada dentro

Te sorprenderá saber que los átomos de tu cuerpo son 99,9999999999999 por ciento de espacio vacío. Son trece nueves tras el decimal, por si no lo habías contado. Es como si estuvieras de pie en una sala vacía que mide como una ciudad. Es curioso lo sólido que eres, ¿no?

Tus átomos están hechos de partículas subatómicas: protones, neutrones, electrones, crotones, morones y quarks. (Sí, quizás he metido por ahí un par de partículas inventadas. Te dejaré adivinar cuáles son.) Las partículas en sí mismas en realidad no están hechas de nada. Si pinchas una, notarás aire, como el que queda en torno a dos imanes cuando intentas empujarlos el uno contra el otro por el mismo polo: hay más energía que sustancia.

Las partículas emergen de lo que se conoce como el campo cuántico, que es un campo de energía. Eso es lo que es. No hay nada sólido en el campo cuántico. Si destilamos la creencia más básica de la ciencia, en realidad tan solo somos un puñado de átomos, de valencia 10 a 28, más o menos. ¿Cómo es posible siquiera que pensemos?

El supuesto general es que todo está controlado por la química cerebral. ¡Tiene sentido! Pero ¿qué sucede si nuestra conciencia o, digamos, nuestro ser o esencia, es más que la suma de las partes? ¿Qué sucede si la conciencia ni siquiera está en nuestra cabeza? ¿Qué pasa si parece ser así porque tenemos una cabeza? Si no tuviéramos cuerpo, ¿seguiríamos existiendo?

Las personas que han tenido experiencias cercanas a la muerte dirían eso. Anita Moorjani experimentó que salía de su cuerpo e intentaba resucitar. Tenía la conciencia separada del cuerpo, algo parecido a lo que viví en mi sueño. Su cuerpo no le era necesario para estar consciente.

Durante su experiencia, Anita sintió que su conciencia se expandía, como si se tratara de una goma elástica, hasta que pasó a formar parte del universo entero como un estado de conciencia. Comprendió entonces el significado que había tras las palabras «Yo soy», al que muchos textos espirituales y religiosos se refieren con el nombre de Dios.

Anita supo que no se trataba de «Yo soy esto» o «Yo soy aquello», de «Yo soy humano», por ejemplo. Cualquier cosa que fuera tras el «Yo soy» era más pequeño que ese infinito que había comprendido que era en ese momento.

Son muchas las personas que han tenido experiencias cercanas a la muerte. La mayoría no se pronuncia, sobre todo con los médicos, no fuera a ser que les diagnosticaran un trauma neurológico y los ingresaran en el hospital. ¿Te arriesgarías a vivir algo así?

Sin embargo, cuando un médico es compasivo, y los pacientes sienten que pueden hablar con libertad, todo indica que la experiencia es sorprendentemente común. Un estudio del cardiólogo holandés Pim van Lommel realizado con 344 pacientes cardíacos que tras haber perdido las constantes vitales habían resucitado descubrió que 62 de ellos (18 por ciento) había vivido una experiencia cercana a la muerte.[1] Otros estudios hablaban de estadísticas similares.[2]

No entraré en los argumentos a favor y en contra de este tipo de vivencias porque llenaría un libro entero y no quiero tratar este tema ahora. Pero en lugar de escribir sobre ellos como si fueran alucinaciones o algo parecido, ¿podríamos considerar que estas experiencias nos están diciendo algo sobre la naturaleza de la realidad?

Si es cierto que nuestra conciencia es infinita y existe no solo fuera del cerebro sino en todo el universo, ¿cómo puede ser que sintamos que somos humanos, y qué relación tiene eso con el amor por uno mismo?

Conectando

Podríamos pensar en el cerebro como algo parecido a un *smartphone* que está conectado a una wifi o incluso a una televisión. La película que vemos por la tele en realidad no está en el interior del aparato, aunque parezca que sí. Si observamos con mayor atención la televisión, veremos que los actores no son gente en miniatura que estén en el interior del aparato.

La película en realidad está vibrando en la atmósfera a unos 300.000 kilómetros por segundo. Es la velocidad con que se transmite la información electromagnética. La televisión se conecta a la frecuencia de la película y la extrae para que la veamos.

Si empezara a manipular los cables de los circuitos de mi televisor, eso afectaría a la calidad de la señal. De un modo parecido, un daño cerebral puede influir en la calidad de la señal de la conciencia. En ciencia, damos por sentado desde hace mucho tiempo que el hecho de que el daño cerebral afecte a la conciencia significa que la conciencia es el producto del cerebro. Pero este mismo razonamiento llevaría a la conclusión de que una película es el producto de los cables y los circuitos de un aparato de televisión, en lugar de ser captada sencillamente por la antena.

No tengo la intención de despreciar las conclusiones de la ciencia. Por mi parte, mi formación es científica. Me encanta la ciencia. Pero la ciencia siempre está en desarrollo. Siempre estamos descubriendo cosas nuevas y expandiendo los supuestos, las teorías y los experimentos del pasado.

La idea de que la conciencia está fuera del cerebro, y que de hecho está en el universo, concuerda con el creciente número de experimentos que parecen mostrar que existe una conexión entre personas que están separadas por la distancia; por ejemplo, podemos citar los estudios que recurren a los escáneres del cerebro para demostrar que el estado neurológico de una persona guarda una correlación con el estado neurológico de otra. Cuando una persona es estimulada, o incluso envía un pensamiento imaginando a la otra persona, el estado neurológico de esta última concuerda.

Por ejemplo, en un estudio de 2004, sesenta individuos se agruparon por parejas formando treinta grupos, que fueron distribuidos en varias salas de unos diez metros. Uno de los integrantes tenía que enviar un pensamiento o una imagen al otro. Y cuando así lo hacía, el cerebro de su pareja reaccionaba sincrónicamente.[3]

En su libro *El séptimo sentido*, Rupert Sheldrake, ex miembro y director de estudios de la Universidad de Cambridge y miembro del Instituto de Ciencias Noéticas, escribió que cuando los pilotos de la RAF en la Segunda Guerra Mundial apuntaban para abatir un avión enemigo, tenían instrucciones de no mirar directamente a los ojos del piloto enemigo, porque la intensidad de su mirada les haría girar en redondo.

Las investigaciones demuestran que el 70-90 por ciento de la gente dice haber sentido que alguien les miraba desde atrás[4], y en otro estudio el 83 por ciento de la gente decía que la persona a la que estaban mirando se había vuelto a su vez para mirarles.[5] Muchos vigilantes de circuitos cerrados de televisión coinciden en que parece que la gente perciba que está siendo vigilada en secreto.[6]

¿Alguna vez has oído sonar el teléfono, te ha asaltado la sensación de que sabías quién era y has descubierto que tenías razón? Sheldrake lo comprobó en un estudio de 2009. Varios voluntarios de entre once y setenta y dos años dieron tres números de teléfono de sus amigos, colegas o miembros de la familia. Un ordenador seleccionaba al azar uno de los tres números y enviaba al voluntario un mensaje de texto. Tenían que adivinar de quién se trataba. Los resultados superaron el azar estadístico. Los voluntarios que obtuvieron una puntuación particularmente alta fueron filmados en un experimento adicional y se comprobó que el 44,2 por ciento de las veces habían acertado. El azar habría dado una cifra del 33 por ciento.[7]

El correlato con la física

Existe un paralelismo interesante en la física con la idea de que la conciencia está en todas partes.

Cuando un científico realiza un experimento en un laboratorio para estudiar el comportamiento de un electrón, hasta el momento en que presiona el botón de *on* y observa el electrón, podríamos decir que se encuentra en la totalidad del universo a la vez, incluyendo el pasado, el presente y el futuro. Este fenómeno se conoce como «las historias de sumar» de Feynman (conocido también como formulación de la integral de caminos). El difunto Richard Feynman es uno de los científicos más reputados de todos los tiempos. Ganó el Premio Nobel de Física en 1965.

Las historias de sumar dicen que en el caso de una partícula como un electrón, para llegar de A a B puede tomarse cualquier camino concebible. Por eso, en lugar de moverse en línea recta como una pelota que va de un lado a otro, es concebible que avance en zigzag. También puede saltar un trillón de millas hacia la izquierda e incluso pasar volando hacia delante y hacia atrás a la vez, marcarse un bailecito y detenerse en una pequeña pastelería de Francia para disfrutar de un café y un cruasán de almendra antes de llegar finalmente a B.

Por muy ridículo que parezca (¿quién ha oído decir que los electrones bailen?), no existe nada en las ecuaciones de la física cuántica que diga que no puede suceder. De hecho, las ecuaciones que han representado grandes avances para la ciencia solo funcionan cuando se da por sentado que, hasta que no es observada, la partícula está en todas partes.

¿Guarda esto alguna similitud con la descripción de la conciencia?

Podemos considerar asimismo que la conciencia está por todas partes hasta que la observamos. Básicamente significa que (nuestra conciencia, esencia, ser, etcétera) estamos bañados por todo el universo, pasado, presente y futuro. ¡Guau! ¿Por qué no lo sentimos así?

Si estás sentado en una silla en este momento, es muy probable que te notes el trasero y no estés escuchando una conversación entre dos alienígenas de un planeta distante. Detectar las sensaciones en el trasero es lo que llamamos observar, así como detectar electrones en un laboratorio se llama observar. Y como estás observando tu cuerpo, tienes la sensación de estar «dentro» de tu cuerpo.

Por eso la conciencia parece que esté en el interior de nuestra cabeza, porque tenemos una cabeza y podemos sentirla, y porque miramos con los ojos y escuchamos por las orejas. Mientras hacemos eso, estamos observando lo que sabemos de nosotros mismos, tal como si hubiéramos presionado el botón *on* en un laboratorio.

Solo cuando dejamos de observarnos, lo que sucede en una experiencia cercana a la muerte o incluso en una experiencia trascendental de meditación, es cuando nos percibimos de manera diferente porque nuestra atención no se encuentra en ese momento en nuestro cuerpo. Está tan alejada de él que nos percibimos como infinitos.

Quizá cueste entender que nuestra cabeza puede desplazarse, y comprendo que la ciencia oficial se muestre escéptica. No podemos demostrarlo, ni lo uno ni lo otro. Solo podemos confiar en la experiencia, y eso no termina de encajar con el modo en que trabaja la ciencia. ¡Aunque tampoco significa que sea incorrecto!

Estamos hechos de amor

Los átomos que conforman nuestro cuerpo solo existen en virtud de las fuerzas de atracción que los mantienen unidos. Si esas fuerzas no existieran, tampoco existirían los átomos, así como un pastel no podría existir si no contuviera huevos con que ligar los ingredientes. Si las fuerzas de atracción fueran a perderse, el universo entero tal y como lo conocemos sencillamente desaparecería.

Podría decirse que existe una ley de atracción que opera dentro de los átomos. Y que si esa ley no existiera tampoco existiría nuestro cuerpo, porque los átomos componen nuestro ADN, y nuestro ADN combina con otros grandes grupos de átomos para formar las células, y nuestras células se juntan en una fuerte comunidad de ochenta trillones para formar nuestro cuerpo.

Por eso creo que estamos hechos de amor. Las fuerzas de atracción emergen del campo cuántico, tal y como hacen los protones. La ciencia siempre ha dado por sentado que el campo cuántico es inerte, que no tiene vida, en parte a causa de la creencia de que la conciencia está en el interior de la cabeza, pero si adoptamos la idea de que la conciencia se expande por todo el universo y no está en el interior de la cabeza, eso significa que también se expande por todo el campo cuántico. Ese es el significado del concepto «infinito», que está por todas partes. También está en las leyes de atracción. La conciencia es la ley de atracción.

¿Cuál es la cualidad de la conciencia cuando una cosa, o persona, se ve atraída por otra? ¿Cuál es la fuerza de atracción? Pues sí, es el amor. Podríamos decir que las fuerzas de atracción que unen a los átomos son expresiones cuánticas de amor.

Cada uno de nosotros está hecho de estos átomos. Por eso somos la expresión del amor. Hablando técnicamente, estamos hechos de amor… o algo parecido.

Algunas enseñanzas espirituales y religiosas consideran sinónimos el amor y la luz. Podríamos decir también que somos seres de luz.

Eso me recuerda una divertida anécdota que me pasó mientras trabajaba en este libro.

El milagro Dove

Le estaba dando vueltas a la idea de que todos somos «seres de luz» cuando empecé a meditar en ello. A menudo me iba de paseo con *Oscar* a primera hora de la mañana, mientras trabajaba en este libro, para meditar; un día me imaginé que un ser de pura luz blanca se aparecía frente a mí. Entré en él como si se tratara de una tela, y me enfundé ese traje de luz blanca. Para causar un mayor efecto, me erguí, como haría un ser de esa categoría, e incluso doblé unas alas de ángel imaginarias. Luego adopté una postura de poder, o una manera de andar poderosa, que básicamente consiste en caminar manteniendo la postura de poder. Fijé en mi mente la idea «Soy un ser de luz», y me pregunté: ¿cómo caminaría un ser de luz? A continuación caminé como un ser de luz durante un par de minutos, centrándome en mi postura, estilo de movimiento, cara, ojos y respiración, mientras me imaginaba como un ser de pura luz conectado a todo y a todos.

Practiqué durante unas cuantas semanas, y luego fui a Londres a hablar en un congreso. Al día siguiente tenía que dar otra charla en Salzburgo, en Austria. Se me había terminado el desodorante y necesitaba comprar uno para sentirme fresco durante el acto. Había estado usando desde hacía tiempo la marca Dove Men, y salí del hotel en busca de Dove.

Empezaba a llover y no llevaba paraguas, pero de repente se me ocurrió una idea. Imaginé mi traje de ser de luz y entré en él. (Supongo que no tenía capucha, porque seguí mojándome.) Me visualicé como un ser de luz, conecté con la ciudad entera e imaginé que la información sobre dónde conseguir un desodorante Dove en las cercanías me vendría al encuentro sin que tuviera que mojarme demasiado.

Mi instinto fue girar a la izquierda en la siguiente calle. Pero por el camino me asaltó la idea de que, como ser de luz, en realidad podía quedarme donde estaba y alargar las manos; y como estaba conectado a todo, un desodorante Dove Men aterrizaría en una de ellas. Un ser de luz sabría que yo era lo bastante bueno y que tenía derecho al amor, la salud, la felicidad, el éxito, la riqueza y a un desodorante Dove. «Si así lo piensas, así será», diríase. Eso fue lo que me vino a la mente mientras caminaba bajo la lluvia.

No me quedé mucho rato más comprobando mi fe, porque empezaba a arreciar y, como ya he dicho, mi traje de ser de luz no tenía capucha. Me di cuenta de que tendría que esperar con las manos abiertas durante un rato, y que probablemente me quedaría empapado. De todos modos conseguí encontrar una tienda que vendía esa marca al girar a la izquierda de esa calle.

Sin embargo, eso no terminó ahí, porque no es este el gran milagro Dove.

Una semana más tarde tuve que dar otra conferencia en Londres. Mi vuelo de Edimburgo a Heathrow llevaba un retraso de dos horas, y el personal de British Airways accedió amablemente a transferirme al vuelo con destino a Gatwick.

Ir a Gatwick significaba que necesitaba tomar el tren expreso de Gatwick a la estación Victoria. No conocía bien esa estación, porque solo había estado en ella unas cuantas veces. Tiene varias salidas, y puedes desorientarte si no conoces el camino. Intenté situarme mirando los paneles para establecer dónde estaban las salidas y cuál de ellas debía tomar.

Quizá debería haber estado más atento mirando al frente, porque me tropecé con una chica y casi la tiré al suelo.

Instintivamente alargué las manos y le dije: «Lo siento».

Me miró de frente ¡y me puso un desodorante Dove Men en la mano!

Durante unos segundos me quedé perplejo. Luego, al darme cuenta de lo que había sucedido, grité: «¡Bingo!» y di un puñetazo al aire.

No sé muy bien qué pensaría esa chica; quizá que yo era un tipo nervioso, o incluso que llevaba un tiempo viajando y olía un poco mal. ¿Quién sabe? Una docena de cabezas se volvió para mirarme, ignoro lo que pensarían.

De hecho, guardo el desodorante en el bolsillo como un tótem, un recordatorio de lo que sucedió ese día. Ni siquiera lo he usado; bueno, aparte de una vez, cuando me quedé sin y tenía que hablar en un congreso al día siguiente. Hmmm, entreveo un patrón.

Mi querido tótem desodorante marca Dove Men me recuerda, en mis momentos de duda, reto, preocupación o miedo, todo lo que es posible cuando creemos.

En resumen, la cuarta etapa del amor por uno mismo es sencillamente «Yo soy». La secuencia es la siguiente: «No soy lo bastante bueno», «Basta ya», «Soy lo bastante bueno», «Yo soy».

Después de «Yo soy» no viene nada, porque somos infinitos. Solo nos sentimos humanos ahora porque tenemos un cuerpo. Ese cuerpo existe en virtud de las fuerzas de atracción de los átomos que son la expresión cuántica del amor. En esencia, cada uno de nosotros es un ser de luz, la expresión física de saber que es.

Reconocer que somos un ser de luz es afirmar que somos más que ese soy lo bastante bueno, que somos.

¿Un ser de luz se sentiría indigno? ¿Sentiría acaso que no merece ser feliz, tener amor en su vida, éxito y dinero, ascen-

der en el trabajo, tener unos zapatos nuevos, comer en un buen restaurante, pasar un rato a solas o tomar un baño caliente un martes? ¿Tú qué crees?

Ese ser de luz ni siquiera se plantearía la pregunta. No pensaría si se lo merece o no. Sabría que si quería alguna de esas cosas estaba en su derecho. No tendría que ganárselo. Tendría derecho a ello. No tendría ninguna razón para pensar lo contrario.

Tú eres ese ser de luz. Reflexiona sobre eso durante un momento.

Tienes derecho a ser feliz, a que entre el amor en tu vida, a tener éxito y dinero, a ascender en el trabajo, a tener unos zapatos nuevos, a comer en un buen restaurante, a pasar un tiempo a solas contigo mismo o tomar un baño caliente un martes.

O sea que… ¡adelante!

Nota final

Porque tú lo vales

«Lo que se encuentra detrás de nosotros
y lo que se encuentra delante
es diminuto comparado con lo que
yace en nuestro interior.»

RALPH WALDO EMERSON

Quizás hayas oído hablar del famoso eslogan de L'Oréal «Porque tú lo vales». No es mera palabrería. Tú *lo vales*. Eres digno de tener amor, salud, felicidad, riqueza y todas las alegrías que la vida pueda depararte. ¡Eso es un hecho!

No tengas miedo de vivir tu vida según tus propios términos. Es tu vida. No la de los demás.

¡Da un paso! Responsabilízate de tu valía y de tu vida a partir de este momento. No esperes que el mundo venga a ti. Da un paso y sal al mundo por ti mismo. Que los pájaros entonen tu nombre.

No tengas miedo de expandirte. La vida empieza al final de tu zona de confort.

¡Vive, ríe, ama y juega! Conecta con la gente. Muéstrales amabilidad. Sé auténtico. Y recuerda siempre que tienes que ser amable contigo mismo.

Vive la vida como si quisieras vivirla. Es la única que tienes. A ver cómo te va. No tienes que demostrar nada. ¿A quién le importa que te caigas de bruces? Levántate e inténtalo otra vez.

No necesitas convencer a nadie de lo que vales. Tú vales porque sí. Tu vida vale la pena porque sí. La verdad fundamental es que tú eres lo bastante bueno. Siempre lo has sido, y jamás llegará el día en que digas que ya no eres lo bastante bueno. ¡Eso también es un hecho!

Una vez vi un póster con las palabras «Soy hermosa porque…» ¿Sabes el final correcto de la frase? «Yo soy».

¡También es el principio!

Epílogo

Mi amado perro *Oscar* falleció el miércoles 12 de noviembre de 2014, a los dos años y dos meses.

A pesar del dolor de su pérdida, me siento bendecido por que hubiera entrado en mi vida, aunque solo fuera por un período tan breve. *Oscar* me cambió.

Aprendí a ser padre. Él me conocía como «papá» y a Elizabeth como «mamá».

Llegó a nuestras vidas siendo una mascota de ocho semanas, justo cuando yo empezaba a escribir este libro, y falleció más o menos cuando lo estaba terminando.

Hasta que *Oscar* no entró en nuestras vidas, en realidad yo no había dado el paso para ser dueño de mí mismo o sentirme en realidad como un adulto. He dicho en el libro que todos los adultos se comportan como críos a veces, pero de hecho, en mi interior, siento como si no hubiera crecido, incluso a mis cuarenta y dos años. A decir verdad, me asustaba dar el paso y convertirme en adulto. Y parte de eso consiste en ser padre.

La presencia de *Oscar* me obligó a ello. Aunque al principio con reticencias, descubrí que me adaptaba muy bien al papel. Es, de lejos, el mejor trabajo que he desempeñado. En el pasado solía amilanarme mucho porque básicamente tenía miedo, y porque en el fondo no sentía nunca que fuera lo bastante bueno. Pero gracias a *Oscar*, aprendí a ser un adulto en lugar de a esconderme. Fue un caso tremendo de amor por mí mismo.

Oscar desempeñó un papel importante en el desarrollo del amor por mí mismo. Puedo decir de todo corazón que nunca habría podido escribir este libro si él no hubiera estado en mi vida. Creo que vino a ayudarme, y quizás a salvarme de mí mismo, para que yo pudiera avanzar en la vida.

Oscar era cariñoso y juguetón. Me reí cada día durante el par de años que pasó con nosotros. Era imposible sentirse infeliz cuando él estaba cerca. Ese perro te levantaba el ánimo, y te sacaba de esas cavilaciones que se consideran tan importantes. Ahora sonrío cuando pienso en su manera de decirme que era hora de jugar y hacía unos ruiditos casi humanos pegando su nariz húmeda a mi ojo, o tocándome la cara con la pata.

Gracias a *Oscar* he aprendido a amarme a mí mismo como ignoraba que pudiera hacerse. He aprendido tanto sobre el amor en general...

La demostración más pura de amor que jamás he presenciado fue cuando fuimos al veterinario para que lo durmiera por última vez. Nuestro perro había contraído una forma especialmente agresiva de cáncer y poco pudimos hacer tanto nosotros como los veterinarios para salvarlo. A pesar de haberle amputado una pierna, tres meses después el cáncer se le extendió a los pulmones. Contrajo la tos canina, combinación que resultó demasiado para él.

A pesar del dolor profundo, absorbente y desgarrador que nos causó saber que íbamos a perder a nuestro chico, Elizabeth insistió en que fuéramos felices con *Oscar*. Si él nos veía tristes o asustados, se inquietaría. Quería que sus últimos momentos con nosotros fueran felices. ¡Y lo fueron!

A pesar del dolor, Elizabeth no estaba preocupada por sí misma. Amaba tanto a *Oscar* que quería que fuera feliz. La experiencia me enseñó lo que es el amor verdadero. Me enseñó lo que es el amor de padre. Hizo que me abriera de golpe, rompiendo todas las barreras que había erigido entre mí mismo y la profunda experiencia del amor.

Tras su fallecimiento, me di cuenta de que *Oscar* me había abierto mucho el corazón. Sentía un afecto desbordante por todos. No había reparado en ello, pero cuando *Oscar* falleció, lo sentía junto a mí la mayor parte de las veces.

También me hizo un regalo: darme a entender que yo era digno de ser amado. Me amó tanto que era imposible no aceptarlo.

Estas son algunas de las maneras en que la breve vida de *Oscar* me transformó. Siempre le estaré agradecido por haberme concedido el privilegio de ser su papá, y mantendré vivo el recuerdo de todos los momentos felices que compartimos.

Si quieres leer más sobre este tema, Elizabeth ha dedicado una página de Facebook que sigue los últimos meses de vida de *Oscar*. Visita Facebook.com/doginterrupted

Notas y referencias

Capítulo 1: Las tres etapas del amor por uno mismo

1. B. Grayson y M. I. Stein, «Attracting Assault», *Journal of Communication* 1981, Invierno, 31(1), 68-75.

Capítulo 2: Conozcamos a los padres

1. V. Walkerdine, estudio sin editar, Facultad de Psicología, Goldsmith College, Universidad de Londres, 1995, citado en Oliver James, *They F***You Up: How to Survive Family Life*, Bloomsbury, 2002.
2. S. S. Luthar y B. E. Becker, «Privileged but pressured? A study of affluent Youth», *Child Development* 2002, 73, 1.593-610.
3. Ibíd.
4. https://www.youtube.com/watch?v=Yhz3kmXFWrw o sencillamente busca «Oscar Labrador» en YouTube. Título del vídeo: «Oscar, our Labrador Puppy, scared to cross the threshold for his first walk».

Capítulo 3: Cómo usar tu cuerpo para cambiar tus sensaciones.

1. Para más información sobre Cliff Kuhn, véase su página web: http://www.drcliffordkuhn.com.
2. C. L. Kleinke, T. R. Peterson y T. R. Rutledge, «Effects of self-generated facial expressions on mood», *Journal of Personality and Social Psychology* 1998, 74(1), 272-9.
3. P. Eckman, «An argument for basic emotions», *Cognition and Emotion* 1992, 6(3/4), 169-200

4. D. R. Carney, A. J. C. Cuddy y A. J. Yap, «Power posing: brief nonver-
    bal displays affect neuroendocrine levels and risk tolerante», *Psycholo-
    gical Science* 2010, 21(10), 1.363-8.
5. Ibíd.
6. Ibíd.
7. Ibíd.
8. S. Nair, M. Sagar, J. Sollers, N. Consedine y E. Broadbent, «Do slum-
    ped and upright postures affect stress responses? A randomized trial»,
    Health Psychology 2014, Sep. 15.

Capítulo 4: La visualización

1. Para un resumen sumario, véase U. Debamot, M. Sperduti, F. Di
    Rienzo y A. Guillot, «Experts' bodies, experts' minds: how physical
    and mental training shapes the brain», *Frontiers in Human Neuros-
    cience* 2014, 8, artículo 280, 1-17.
2. A. Pascual-Leone, D. Nguyet, L. G. Cohen, J. P. Brasil-Neto, A. Cam-
    marota y M. Hallet, «Modulation of muscle responses evoked by
    transcranial magnetic stimulation during the acquisition of new fine
    motor skills», *Journal of Neurophysiology* 1995, 74(3), 1.037-45, citado
    en David R. Hamilton, doctor en química orgánica, *How Your Mind
    Can Heal Your Body,* Hay House, 2008.

Capítulo 5: ¿Importa si les gustas a los demás?

1. J. H. Fowler y N. A. Christakis, «Dynamic Spreads of happiness ina a
    large social network: longitudinal analysis over 20 years in the Fra-
    mingham Heart Study», *British Medial Journal* 2008, 337, a2, 338, 1-9.

Capítulo 7: La imagen corporal

1. A. Furnham y N. Greaves, «Gender and locus of control correlatos of
    body image dissatisfaction», *European Journal of Personality* 1994, 8,
    183-2000.
2. V. Cardi, R. Di Matteo, P. Gilbert y J. Treasure, «Rank perception and
    self-evaluation in eating disorders», *International Journal of Eating
    Disorders* 2014, 47(5), 543-52.

3. https://www.youtube.com/watch?v=M8JFcim1nkQ o sencillamente busca «Yah! Celebs' eye view» en YouTube.

4. H. G. Pope, K. A. Phillips y R. Olivardia, *The Adonis Complex: The Secret Crisis of Male Body Obsession*, Free Press, 2000.

5. T. Moore, «HIV fears over increase in steroid injections», *Sky News*, 9 de abril de 2014.

6. Sarah Grogan, *Body image*, Routledge, 2008.

7. R. Rodgers y H. Chabrol, «The impact of exposure to images of ideally thin models on body dissatisfaction in young French and Italian women», *Encephale* 2009, 35(3), 26-8.

8. I. D. Stephen y A. T-M. Perera, «Judging the difference between attractiveness and health: does exposure to model images influences the judgements made by men and women?», *PLOS ONE* 2014, 9(1), e86,302.

Capítulo 10: La autocompasión

1. Kristin Neff argumenta los numerosos beneficios de la autocompasión en *Self-Compassion: Stop Beating Yourself Up and Leave Insecurity Behind*, Hodder, 2011.

2. J. G. Breines, M. V. Thoma, D. Gianferante, L. Hanlin, X. Chen y N. Rohleder, «Self-Compassion as a predictor of interleukin-6 response to acute psycho social stress», *Brain Behaviour and Immunity* 2014, 37, 109-14.

3. T. W. W. Pace, L. T. Negi, D. D. Adame, S. P. Cole, T. I. Sivillia, T. D. Brown, M. J. Issa y C. L. Raison. «Effect of compasion meditation on neuroendocrine, innate immune and behavioural responses to psycho social stress», *Psychoneuroendocrinology* 2009, 34(1), 87-98.

4. B. Shahar, C. Szesepsenwol, S. Zilcha-Mano, N. Haim, O. Zamir, S. Levi-Yeshuvi y N. Levit-Binnun. «A wait-list randomized controlled trial of loving-kindness meditation programme for self-criticism», *Clinical Psychology and Psycotherapy* 2014, 16 de marzo, edición digital anterior a copia en papel.

5. B. Fredrickson, M. Cohn, K. A. Coffey, J. Pek y S. M. Finkel. «Open hearts guild lives: positive emotions, induced through living-kindness

meditation, build consequential personal resources», *Journal of Perso-nality and Social Psychology* 2008, 95(5), 1.045-62.

6.   P. Pearsall. «Contextual cardiology: what modern medicine can learn from ancient Hawaiian wisdom», *Cleveland Clinical Journal of Medi-cine* 2007, 74(1), S99-104. La investigación que esta revista describía como ejemplo de corazón duro fue: T. W. Smith, C. Berg. B. N. Uchi-no, P. Florsheim y G. Pearce «Marital conflict behavior and coronary artery calcification», artículo presentado en la 64 Reunión Anual de la Sociedad Psicosomática Americana, Denver, CO, 3 de marzo de 2006.

7.   C. A. Hutcherson, E. M. Seppala y J. J. Gross, «Loving-kindness medi-tation increases social connectedness», *Emotion* 2008, 8(5), 720-24.

8.   J. W. Carson, F. J. Keefe, T. R. Lynch, K. M. Carson, V. Goli, A-M Fras y S. R. Thorp. «Loving-kindness meditation *for chronic low back pain*», *Journal of Holistic Nursing* 2005, 23(3), 287-304.

9.   P. Arnstein, M. Vidal, C. Wells-Federman, B. Morgan y M.Caudill, «From chronic pain patient to peer: benefits and risks of volunte-ering», *Pain Management Nursing* 2002, 3(3), 94-103.

Capítulo 11: El perdón

1.   Véase capítulo 12: «Soltar el pasado» en David R. Hamilton, doctor en química orgánica. *Why Kindness is Good for You*, Hay House, 2010. Las referencias individuales citadas son: R. D. Enright, E. A. Gassin y C. Wu. «Forgiveness: a developmental view», *Journal of Moral Educa-tion* 1992, 21, 99-114; C. V. O. Witvliet, T. E. Ludwig y K. L. Vander Laan. «Granting forgiveness or harbouring grudges: implications for emotion, pshysiology, and health», *Psychological Science* 2001, 121, 117-23; J. P. Friedberg, S. Suchday y D.V. Shelov. «The impact of for-giveness on cardiovascular reactivity and recovery», *International Journal of Psycophysiology*, 2007, 65(2), 87-94; M. Waltman, D. Russel y R. Enright, «Research Study suggests forgiving attitude may be bene-ficial to the heart», ponencia presentada en la Reunión Anual de la Sociedad Psicosomática, 5-8 de marzo de 2003, Phoenix, Arizona; D. Tibbits, G. Ellis, C. Piramelli, F. M. Luskin y R. Lukman, «Hyper-tension reduction through forgiveness training», *Journal of Pastoral*

Care and Counselling 2006, 60(1-2), 27-34; M. E. McCulloch, L. M. Root y A. D. Cohen, «Writing about the benefits of an interpersonal transgression facilitates forgiveness», *Journal of Consulting and Clinical Psychology* 2006, 74(5), 887-97.

Capítulo 14: La cuarta etapa del amor por uno mismo

1. P. Van Lommel, R. Van Wees, V. Meyers y E. Elfferich. «Near death experience in survivors of cardiac arrest: a prospective study in the Netherlands», *The Lancet* 2001, 358, 2.039-45.
2. Véase http://en.wikipedia.org/wiki/Near-death_experience.
3. L. J. Standish, L. Kozac, L. C. Johnson y T. Richards. «Electroencephalografic evidence of correlated event-related signals between the brains of spatially and sensory isolated human subjects», *Journal of Alternative and Complementary Medicine* 2004, 10(2), 307-14.
4. Citado en R. Sheldrake, *Seven Experiments That Could Change the World: A Do-It-Yourself Guide to Revolutionary Science*, Fourth State, 1994.
5. Citado en R. Sheldrake, *The Sense of Being Stared At*, Century, Hutchinson, 2003.
6. Ibíd.
7. R. Sheldrake, L. Avraamides y M. Novak, «Sensing the sending of SMS messages: an automated test», *Explore* 2009, 5(5), 272-6.